빅 픽처
BIG PICTURE
2015

빅 픽처
BIG PICTURE
2015

김윤이 | 김경민 | 김대식 | 김유진 | 박재준 | 유혜영
이의헌 | 이효석 | 임동균 | 하은희 | 홍순만 지음

생각
정원

지각 변동의 시대, 큰 그림을 그려라

2008년 노벨 경제학상을 받은 폴 크루그먼Paul Krugman은 "공황Crisis은 절대로 오지 않을 것이다. 하지만 불황Depression은 오랫동안 계속될 것이다"라고 다가올 경제를 전망했다. 그렇다면 2015년의 경제는 어떨까? 그에게 물을 필요도 없을 것 같다. 우리는 이미 장기 불황을 경험하고 있으니 말이다. 현재의 경제 불황은 개인과 가계의 삶에 그대로 반영되고 이로 인한 사회적 불만과 불안은 시장 전체에 대한 불신으로 이어져 투자와 소비를 줄이는 악순환이 이어지고 있다.

'줄어든 경제 상황'보다 '위축된 인식'이 더 큰 문제라는 것이다. 필진들은 무엇을 해도 안 될 거라는 '의심'과 '역동성과 열정을 바탕으로 한 도전의식의 부재'가 우리 경제의 최대 문제라고 분석한다.

물론 '실패가 용납되지 않는 사회', '두 번의 기회는 없다', '모든 책임은 개인이 진다' 등으로 표현되는 것처럼 우리 사회가 '도전의 발판'이 되기에는 허술한 부분이 많다. 그럼에도 도전과 변화에 제대로 반응하지 못하는 것이 미래를 직시하지 못하기 때문은 아닌지 스스로 질문을 던져보아야 한다. 역동성이 떨어진 우리에게 필요한 것은 '미래에 대한 자신감'이다. 자신감만이 창의적이고 활발한 가치를 생산하고 불황에서 스스로를 구해낼 수 있다.

이러한 문제를 극복하고자 필진들은 머리를 모아 답을 찾기 시작했다. 멀게만 느껴지는 위대한 사상가의 철학이나 전망이 아닌, 현장 전문가로서 각 분야 최전선에서 자신의 역할을 담당하고 있는 사람들의 의견을 모아보는 것. 이것이 책의 출발점이었다. 책 제목인 《빅 픽처 2015 Big Picture 2015》에는 이들 각자의 작은 경험의 조각들을 모아 큰 그림을 그려보겠다는 의지가 담겨 있다. 그리고 IT와 미디어, 인문과 의학, 교육과 시민사회 등 각 분야의 전문가들이 마주하고 있는 미래의 조각들을 맞추자 서서히 그림이 그려지기 시작했다.

책을 준비하면서 필진들은 한국사회에 나타난 두 가지 뚜렷한 현상을 볼 수 있었다. 하나는 불황 속에서 새롭게 부각되는 '진화형 어젠다'였다. 현장 교육의 판을 뒤흔드는 플립러닝 flipped learning (거꾸로교실), 나의 질병을 예측해주는 맞춤 의료, 삶의 환경을 바꾸는 사물인터넷, 미디어 기사의 형식을 바꾸는 인포그래픽, 사회적 경제와 공유도시 등이 그 예다. 이들은 과거의 패러다임을 뒤집거나 완전히 새롭게 나타나는 것이 아니라 의식의 전환이나 재인식의 과정을 거쳐, 발전적 진화의 형태로 생겨난 변화들이다. 이미 대중의 충분한 지지를 얻고 있으며, 일부에서는 관련 서비스나 상품으로 출시되거나 준비되는 상황에 이르렀다. 한국형 교육과 자본주의의 불평등 등은 그것이 가진 폐단으로 붕괴를 초래했고, 이에 사람들은 그 대안으로 '기술 산업 마인드'와 융합된 더 강한 현실적 어젠다를 만들어낸 것이다. 빅데이터, 사물인터넷, 인포그래픽의 등장은 단지 기술 산업에 국한되는 것이 아니라 새로운 마인드를 생성해 불황에 대한 접근법마저 바꿔놓았다. 이러한 진화는 계속될 것이며, 그 끝은 가늠할 수도 없다.

다른 하나의 현상은 '전통 어젠다'의 반격이다. 옛것은 무조건 나쁘다고 볼 수 있을까? 장하성 교수는 《한국 자본주의》를 출간하면서 자본주의는 문제가 있지만, 고쳐 쓰면 쓸 만하다고 이야기했다. 경제뿐 아니라 미디어와 정치, 교육과 언론 등 다양한 분야에서 고쳐 쓰면 충분히 의미 있는 가치들이 있다. 그리고 대안이 없기 때문에 고쳐 쓰기를 권하는 가치들도 있을 것이다.

자본주의와 교육, 규제개혁과 저널리즘, 의정감시와 새천년개발목표 등이 그것이다. 필진들은 전통적 가치를 살릴 수 있는 대안으로 '바텀업Bottom Up'의 문제해결 방식을 제안한다. 소수 상위 계층의 결정을 대중들에게 전파하는 '톱다운Top-Down'의 의사결정은 더 이상 해결책이 될 수 없으며, 대중들의 의견을 수렴해서 정책을 만드는 바텀업 형식의 대안을 각 분야마다 구체적으로 제시한다.

2015년은 진화형 어젠다와 전통 어젠다의 충돌로 인한 지각 변동이 예상되는 한 해다. 《빅 픽처 2015》는 급부상하는 진화형 어젠다들을 소개하면서 대중들의 욕구를 파악하고 향후 한국사회의 가능성을 담고자 했다. 또한 전통 어젠다가 가진 일부 폐단을 보완하고 의미 있는 가치들을 지킬 수 있는 방안도 담고자 했다.

《빅 픽처 2015》의 목적은 새로운 지식의 확산과 더불어 우리의 시야를 넓힐 수 있는 방법을 보여주는 데 있다. 미래는 멀리 있지 않다. 오늘 속에도 미래가 있다. 널리 알려지지 않거나 우리가 못 알아보고 지나치는 지식들 사이에서 우리는 이미 미래를 살고 있다. 그것을 찾지 못해 미래가 어떤 모습일지 의문 속에 빠진 채 말이다.

2014년 11월
11인의 필진을 대신하여, 김윤이

2부 전통 어젠다의 반격

빅 픽처 2015

B I G   P I C T U R E

교육

수업이 사라지고 있다

현장 교육의 판을 뒤흔든 플립러닝

8:00 – 기상	**새벽 1:10** – 집
8:30 – 학교 도착	**새벽 2:00** – 밥
3:30 – 하교	**새벽 3:00** – 학교 수행, 숙제 기타 등등
4:10 – 간식	**새벽 3:30** – 다음 날 갈 학원숙제
5:00 – 학원	**새벽 4:00** – 취침

어느 중학생이 인터넷에 올린 일과표가 화제가 된 적이 있었다. 살인적인 스케줄이다. 하지만 학생은 네 시간의 취침시간도 아깝다며, 일찍 일어나는 법을 알려달라고 네티즌에게 도움을 청했다. 이 학생의 글을 보며 네티즌들은 놀라워하는 한편, 한국 교육의 혹독한 현실을 비판하는 글이 줄을 이었다.

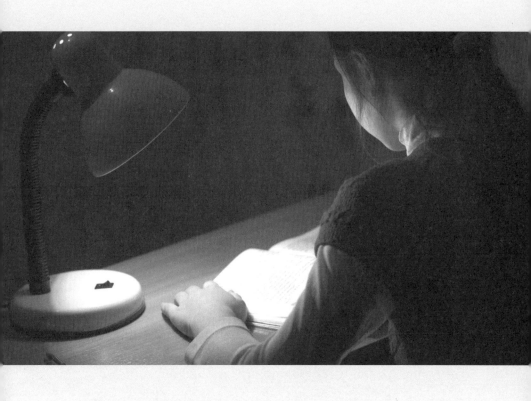

한국 교육의 현실을 보자. 명문 대학교를 가기 위해 명문 고등학교를, 중학교를, 초등학교를 진학해야 한다. 이제는 유치원 때부터 영어를 공부하는 아이들이 속출하고 있다. 부모의 기대에 부응하기 위해 아이들은 멈춤 없이 100미터 달리기의 속도로 삶을 살아가고 있는 것이다.

학생 한 명이 멈춘다고 이 문제가 해결될 수 있을까? 아니다. 교육문제는 한 명이 아니라 집단이 멈추고, 나아가 한국 교육의 잘못된 부분이 멈추고 개선되어야 한다. 우리가 이야기해야 할 것은 한꺼번에 멈추는 방법이다. 오늘의 먹거리인 경제문제에 민감하듯, 내일의 먹거리인 교육문제에 집중할 때다. 실제로 일선 현장에서는 새로운 교육에 대한 이야기들로 가득 차 있다.

2015년, 이제 새로운 교육을 이야기할 때다. 어떻게 공부해야 하고, 무엇을 생각해야 하는지 삶의 근본을 채울 수 있는 질문을 해야 할 때다.

'성적 최상위, 행복지수 최하위'의 아이들

| 대한민국 교육의 현실 |

OECD에서는 3년마다 65개국 15세 이상 청소년을 대상으로 학업성취도 국제비교연구The Programme for International Student Assessment, PISA 조사를 실시한다. 불행히도 2012년 조사 결과, 한국 학생은 '성적 최상위, 행복지수 최하위'를 기록했다.[1] 영어 유치원에서부터 꼬리를 물고 이어지는 선행학습에 아이들의 하루는 빡빡하다. 초등학교 1학년 조카가 자주 하는 말은 "이모, 오늘 시간 안 되는데…" "나, 요즘 너무 바빠." 그래도 아직은 수업도, 새로운 친구들 만나는 일도 마냥 즐겁다. 하지만 한 학년 한 학년 올라갈수록, 책가방의 무게만큼 어깨도 마음도 무거워질 것이다. 열 살이면 본격적인 입시전쟁이 시작되기 때문이다.

학업성취도 국제비교연구

"특목고 안 되면 자사고라도 가야죠. 안 그러면 서울대, 연고대는 힘들어요. 강남의 일반고에서도 이제 서울대 몇 명 못 보내잖아요. 특목고는 또 그냥 갈 수 있나요? 국제중학교에 가야죠. 그러려면 초등학교 내신이 얼마나 중요하다구요."

초등학교 중간고사, 기말고사 때마다 부모들은 초긴장 상태에 빠진다. 일반 중학교를 가는 순간 내 딸

이, 내 아들이 실업률 40.7퍼센트의 88만원 세대가 될 확률이 높아진다는 불안감이 엄습한다. 긴장의 끈을 꽉 조이며 다시 학원 정보를 뒤진다. 실제로 2014학년도 고교별 서울대 합격자 수를 보면, 상위 15개 학교가 모두 특목고 또는 자립형 사립고다. 상위 30권 내에 있는 일반고 또한 대부분 강남, 서초 지역에 위치하고 있다. "개천에서 용 난다"는 속담은 잊혀진 지 오래다.

상위 30개 고등학교의 서울대 합격 현황

아이비리그, 한인 유학생 44퍼센트 중도 탈락

| 한인 유학생의 이탈 현상 |

초등학교와 유치원, 어쩌면 걸음마를 내딛자마자 선행학습을 통해 입시를 준비하는 한국 교육의 현실. 명문대에 입학하면, 과연 부모들이 걱정하지 않아도 되는 탄탄대로가 펼쳐지는 것인지 묻고 싶다. 컬럼비아대학교의 사무엘 김Samuel Kim 박사는 5년 전 자신의 박사학위 논문을 통해 지난 20년 동안 아이비리그 대학(하버드대학교를 포함, 미국 동부에 위치한 8개 명문 사립대학교)에 입학한 한인 학생 1,400명을 무작위로 뽑아 조사한 결과, 졸업을 한 학생은 56퍼센트에 불과하고, 나머지 44퍼센

트는 중도 탈락했다고 밝혔다. 반면, 중국계와 인도계 학생의 중도 탈락률은 각각 25퍼센트, 21.5퍼센트에 그쳤다.[2]

유난히 한국인 학생들 사이에서만 이탈 현상이 두드러지는 것은 왜일까? 해당 논문을 쓴 버지니아 공대의 재미在美 교육가 조덕성 박사의 설명은 과히 충격적이다. 한국 학생들은 SAT 시험점수는 높으나 읽고 쓰는 실제 능력이 동급생에 비해 몇 년씩 뒤떨어지는 데다가 특히 자신의 생각을 표현하는 고난이도의 과제물을 처리하는 데 미숙하다고 진단한다. 심지어 숙제 대행업체를 이용하다 적발되어 표절시비에 휘말리기 일쑤이고, 실제로 미국 상위권 대학에서 표절로 인해 처벌받고 떠나는 학생들 중 과반수가 한국인이라고 밝혔다.

하버드 비즈니스 스쿨Harvard Business School의 시험은 네 시간 동안 많아야 세 문제를 푸는 것이다. 책을 보면서 시험을 보는 형태로 책과 노트, 웹사이트 등 어느 것이나 참고가 가능하다. 처음 보는 경영 사례Business case가 시험 문제로 제시되는데, 학생들은 이를 읽고 문제점을 분석하고 솔루션을 제시해야 한다. 읽고 쓰기는 물론 논리적 사고, 문제해결 능력, 독창성은 필수다. 매일같이 세 개의 케이스를 읽고 분석하고 에세이를 쓰는 훈련을 거듭해야 한다. 어렸을 때부터 읽고 쓰고 프로젝트를 만들고 해결하는 학습에 익숙해진 미국 학생들과 객관식/단답형 문제풀이 시험에 길들여진 한국 학생들 간의 경쟁은 어찌 보면 무모한 것일지도 모르겠다.

학업 평가는 전적으로 토론수업 참여도와 사례 분석, 문제해결 방안을 찾고 표현하는 시험 결과에 따른다. 부모, 대행업체, 컨설팅업체 그 누구도 대신해줄 수 없다. 철저히 혼자 힘으로 해내야 한다. 그래서 입학심사에서는 심층평가를 위해 에세이와 인터뷰에 높은 비중을 둘 수밖에 없다. 자기 생각을 논리적으로 표현하지 못한다면, 설령 누군가의 도움으로 입학을 하게 되더라도 학업을

하버드 비즈니스 스쿨 사람들

성공적으로 마칠 가능성이 희박하다. 왜냐하면 이곳에서의 학업은 시험을 대비하여 공부하고 좋은 성적을 얻는 것을 넘어 근본적인 역량을 갖추어야 하기 때문이다.

가르침 따로, 배움 따로인 교실
| 입시 교육의 문제들 |

20년 전, 나의 학창시절 교실은 어떠했을까? 한쪽에서는 '서태지와 아이들'의 신곡을 이야기하고 다른 한쪽은 삼삼오오 모여 힙합 듀오 '듀스'의 칼군무를 추는 무대이자, 선생님의 눈을 피해 졸린 눈을 비비고 밀린 잠을 보충하는 곳이었다. 친구들이 있어 즐거웠던 한편 성적이 떨어졌다고 운동장을 몇 바퀴씩 돌고, 틀린 개수만큼 매를 맞기도 했던 이상한 곳이기도 했다. 미분, 적분, 고차함수와 같이 어려운 수학 문제를 끊임없이 풀어야 하는 이유가 뭔지, 우리나라는 물론이고 남의 나라 지명과 역사부터 각종 세포 종류, 화학원소, 영양소의 명칭을 다 외

워야 하는 까닭이 뭔지 전혀 이해할 수 없었고, 아무도 이야기해주지 않았다. 강단에 선 선생님은 이미 알고 있거나 쓸모없어 보이는 학문을 억양 없는 어조로 읊조렸고, 졸거나 다른 공부를 하는 우리를 모른 척하거나 가끔 호통칠 뿐이었다.

오늘날 대부분의 교실은 20년 전과 별반 달라지지 않았다. 교사는 앞에 서서, 아이들은 뒤에 앉아 '입시'라는 유일한 목표를 공유한다. 간절히 꿈꾸는 미래가 있는지, 설령 그런 꿈이 있어도 미래에 어떤 의미가 있는지, 꿈을 이루기 위해서는 무엇이 필요한지, 어떻게 한 걸음 한 걸음 밟아 나가야 하는지 방법도 모르고, 확신도 없다. 아이의 미래를 지지하고 한 단계 한 단계 진전할 수 있도록 구체적인 방법을 알려주고 도와주는 이는 더더욱 없다. 오로지 내 아이가 상위권 대학에 진학하기만 하면 찬란한 미래가 펼쳐질 것이라 믿을 뿐이다. 아니, 그렇게 믿고 싶은 것인지도 모른다.

고교 시절 어려워진 가정 형편 탓에 뜨거운 눈물을 삼키며 클래식 음악가의 꿈을 접어야 했던 나는 학비가 무료인 독일로 가면 방법이 있을 거란 막연한 기대감으로 독어독문과에 진학했다. 독어독문학 자체가 어떤 학문인지, 음악과 어떤 관련성이 있는지 알지 못했고, 진로나 진학에 대해 구체적으로 의논하고 고민을 나눌 상대도 없었다. 열여덟 살 소녀 혼자서 그저 아는 대로, 생각나는 대로 결정해야 했다. 내가 선택한 전공이 내 계획과 하등의 상관이 없다는 것을 깨닫는 데는 얼마 걸리지 않았다. 후회하는 것은 아니다. 그러나 재능 있는 음악도를 위한 다양한 장학제도와 육성 프로그램이 전 세계에 있음을 알았다면, 분명 나의 선택은 달랐을 것이다. 하지만 그때의 내겐 나의 미래와 열정을 지지하고 조언을 해줄 이가 없었다. 선택이 온전히 나의 몫이었던 것처럼, 결국 책임도 내게 있었다.

아이들은 단지 '수학 포기자'라서 문과를 가고, '영어 포기자'라서 이과를 간다. 전공 불문하고 하나라도 순위가 높은 대학에 들어가면 그 만이라고 생각한다. 이런 방식으로는 다가오는 미래를 준비할 수 없다. 소프트웨어가 중심인 21세기. 컴퓨터과학과 같은 응용과학기술이 산업 발전의 주요 동인이 되고, 스마트 제품과 서비스의 발달은 인문과 기술, 나라와 나라 사이의 벽을 허물고 있다. 세상은 우리가 여태껏 준비해온 미래와는 전혀 다른 방향으로 움직이고 있다. 미래에 어떤 기회가 있고, 다양한 학문들이 어떻게 활용이 되는지, 어떤 역량을 가진 인재상이 요구되는지 10년 뒤를 미리 보고 준비해야 한다. 이것은 결코 아이들 혼자 선택하고 해결할 수 있는 문제가 아니란 말이다.

거꾸로교실의 역습
| 플립러닝(Flipped Learning)의 도입 |

한국 교실에서 불고 있는 역풍을 알려준 사람은 하버드 비즈니스 스쿨 동창이었던 마이클 혼Michael Horn 교수다. 그는 클레이 크리스텐슨 연구소Clay Christensten Institute에서 교육 혁신을 연구하고 있다.

미국 교육은 학습능력 향상에 중점을 둔 프로젝트 기반 방식Project based learning인 반면, 한국 교육은 시험 대응에 최적화된 지식 기반 방식Knowledge

based learning으로 알려져 있다. 그런데 2014년 3월, 혼 교수는 아이젠하워 펠로우십Einsenhower Fellowship으로 부산의 한 학교에 방문했다가 기존의 관점을 뒤집는 시도를 목격했다. 수업 중 교사의 강의를 없앴더니, 자던 아이들이 사라진 것은 물론, 믿을 수 없을 만큼 성적이 향상되었다고 했다. 교사가 더 이상 가르치지 않는 교실, 아이들이 더 이상 잠들지 않는 교실, 월요일이 오기를 기다리는 학생들. 대체 무슨 일이 일어나고 있는 것인가?

"'거꾸로교실'은 영어로 'Flipped Classroom'이라 불리는 교육방법이다. 2010년 무렵 미국에서 시작해 최근 수년 사이 미국뿐 아니라 호주, 유럽 등 전 세계적으로 급속도로 퍼져 나가며 주목을 받고 있다. 수업 개념은 아주 단순한 발상의 전환에서 시작되었다. 원래 교실에서 이루어지던 지루한 강의식 수업을 동영상으로 만들어 학생들이 수업 전에 미리 보도록 하고, 교실에서는 강의 대신 다양한 참여 활동으로 재미와 공부의 깊이를 더해준다는 것이다."[3]

거꾸로교실에선 교사가 아닌 '학생'이 중심에 선다. 교실에서 숙제를 하고, 강의는 집에서 수강한다. 학생 스스로 배우고, 교사는 옆에서 돕는다. 교사와 학생의 역할을 바꾼 것, 그것이 플립러닝이다. 거꾸로교실을 국내 학교 최초로 시도한 동평중학교와 서명초등학교는 부산에서도 평균적 교육 여건이 좋지 않은 학군에 속한다. 90점대 이상 학생은 보통 한 명. 아이들은 책으로만 수업하는 선생님이 지루했고, 선생님도 사실 포기하고 싶었다. 졸음으로 가득한 교실에서, 숙제는커녕 수업 시간에 집중조차 안 하는 아이들이 과연 강의 영상을 보고 올지 참여하는 교사도 의문이었다. 아이들은 아이들대로 선생님이 똑같은 이야기를 반복하기 싫어서 동영상 강의를 만드는 것 아니냐고 반문했다.

하지만 한 학기가 지나자, 교실처럼 선생님도 아이들도 모두 '거꾸로'가 되었다. 졸음으로 침묵하던 교실은 토론으로 시끌벅적하고, 질문 공세를 펼치는 아이들에게 답하느라 선생님은 분주하다. 점심 시간 바로 뒤에 이어지는 5교시에도 자는 아이가 없다. 잠을 자기엔 하고 싶은 것도 할 것도 많다. 그리고 무엇보다 재밌다. 자신감도 생겼다.

플립러닝을 실시한 2013년 2학기 중간고사. 동평중학교 3학년 국어성적을 보면 그야말로 놀라운 사실을 발견할 수 있다. 1학기 대비 국어점수 40~50점대 학생들이 급격히 줄고, 90점대가 24명이나 늘었다.

거꾸로교실 성적 : KBS 뉴스

2학기 기말고사에서는 1학기 대비 반 평균 12점, 개인 최고 56점이 상승했다. 중하위권 학생이 최상위권에 들어가는 이변도 속출했다. 선생님의 동영상 강의가 있기에 시험 준비도 훨씬 쉽고, 공부를 도와주는 천군만마를 얻은 기분이다. 학생들은 비로소 공부하는 방법을 알았기에 앞으로 더 쉽게 할 수 있을 것 같다.

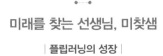

미래를 찾는 선생님, 미찾샘

| 플립러닝의 성장 |

2013년 8월, 여덟 명의 '미래를 찾는 선생님'(미찾샘)들로 시작된 거꾸로교실은 2014년 10월 현재 페이스북facebook 그룹 커뮤니티에만 1,400명이 활동할 정도로 빠르게 성장하고 있다. 참여와 활동이 중심인 플립러닝에서 수업설계의 중요성을 잘 알게 된 미찾샘들은 페이스북 그룹, 온라인 러닝커뮤니티를 통해 수업 후기, 교습 방법, 활동을 공유하며 배움터를 함께 키워 나가고 있다. 각 지역에서 시행되는 거꾸로교실 연수는 새로운 교육에 목말랐던 수백 명의 교사들이 방학과 주말을 반납하고 참여하고 있으며, 점점 더 많은 아이들이 스스로 학습하고 활동하는 즐거움을 알아가고 있다.

거꾸로교실 페이스북(왼쪽)과 교사 연수(오른쪽)

거꾸로교실의 눈부신 성장과 활약을 보며 대구대학교 이민경 교수는 학생을 대하는 시각도 달라져야 한다고 이야기한다. 결국 학생들이 게으르거나 무기력했던 것이 아니라 학생들이 적극적으로 수업에 참여할 수 있는 기회가 충분히 주어지지 않았던 부분을 지적한 것이다.

2014년 9월, 거꾸로교실의 창시자 존 버그만Jonathan Bergmann이 내한했다. 서울과 부산에서의 강연은 700여 명의 교사들의 열띤 호응을 받았으며, 강연장은 기존 교육시스템의 문제, 교육자로서의 갈등과 고민, 그리고 다양한 해법에 대한 이야기로 넘쳤다.

"우리는 가장 쉬운 지식의 전달을 수업 시간에 하고, 지식을 적용하고 응용하는 창조적 활동과 같은 어려운 것들을 오히려 아이들에게 숙제로 내줬습니다. 집에서 누군가 도와줄 사람이 없는 아이는 혼자서 할 수 없는 그런 숙제를 말이죠."

존 버그만은 한국 교육의 현실을 날카롭게 지적하며 해법도 이야기한다. 학습을 단계별로 분류한 블룸의 분류법Bloom's taxanomy(1956년 벤저민 블룸에 의해 발표된 지식전달을 위한 학습과정과 분류법. 교육계에서는 가장 기본적이고 핵심적인 방법으로 여겨지고 있다.)을 그대로 순차적으로 따를 것이 아니라, 사고력의 중요성과 난이도에 맞춰 재조명해야 한다고 역설했다. 과제 수행에 필요한 단계인 창조, 평가, 분석, 응용과정에 더 비중을 두고, 이를 수업을 통해 해야 한다는 것이다. 즉, 학습 단계를 강조하는 분류법의 피라미드를 뒤집어, 지식 강의를 최소화하고 지식의 응용과 창조에 집중할 때 진정한 학습이 이루어진다고 강조했다. 현재까지의 교육은 교사의 편의를 위해서든, 기존 시스템이 그러해서든, 교사가 지식을 전달하는 역할만 강조하고 나머지 모든 과정을 학생 스스로 해결하는

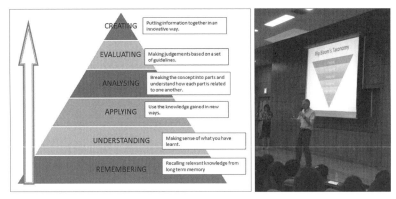

블룸의 분류법(왼쪽)과 존 버그만의 서울 강연(오른쪽)

방식이다. 이것은 결국 학생들이 스스로 배울 수 있는 기회를 박탈하고 무기력하게 만드는 부작용을 초래하게 된다.

아하, 유레카의 순간(A–Ha Moment)

| 21세기 핵심 역량 |

필자는 최근 디지털 기술로 그리고, 쓰고, 만드는 것을 좋아하는 교사, 개발자, 디자이너들과 함께 아이들이 좀 더 쉽고 재밌게 프로그래밍을 배우고 디지털콘텐츠를 만들 수 있는 커뮤니티 코딩클럽Coding Club을 만들었다. 2018년부터 문·이과 통합형 교육과정을 시행하고, 소프트웨어 교육을 강화할 계획이지만 여전히 아이들에게 제공되는 교육, 문화 인프라가 턱없이 부족하다는 문제의식이 시발점이 되었다. 무엇보다 과학기술을 활용한 소프트웨어 창작활동은 디지털 네이티브인 아

아하 모먼트(왼쪽)와 코딩클럽(오른쪽)

이들의 성장과 발전에 중요한 모티브인 '아하', 혹은 '유레카의 순간A-Ha Moment'를 경험할 수 있는 최고의 기회를 제공하기 때문이다.

아이들은 친구들과 함께 최근 사건과 뉴스를 분석하고, 간단하게는 스마트폰 동영상, 나아가서는 인터랙티브 애니메이션 또는 앱App으로 각자의 생각을 표현한다. 아이들의 창의적인 표현을 통해 정치, 경제, 국어, 통계수학 등 난해하거나 죽어 있던 지식은 살아 숨 쉬는 지식이 된다. 정보과학 기반의 수리적 사고, 문제의 진단과 해결에 기초한 콘텐츠 제작, 코딩을 통해 습득하는 21세기 핵심역량(창의력, 비판적 사고, 소통, 협력)은 추가 소득이다. 일선 교사들이 코딩클럽에 참여하고, 자발적으로 매사추세츠공대(이하 MIT)의 교육용 프로그래밍 언어인 스크래치Scratch를 배워 수업에 활용하는 이유도 동일선상에 있다.

"왜 코딩을 배우는가"라는 질문에 클럽 멤버들 대다수가 "공부는 왜 하는가"와 동일한 질문이며 여기에는 '개인적 동기'가 필수라고 입을 모았다. 이는 컴퓨터과학의 이해와 코딩기술의 습득이 엔지니어, 디자이너, 의료 연구진, 기업가 등 폭넓고 다양한 진로의 기회를 제공하기 때문만은 아니라는 것이다. 미국 방송의 토크쇼를 듣고 싶거나 보이밴

■ MIT의 스크래치 컨퍼런스 워크샵 중

Eunhee Ha 가끔씩 아빠 말씀이 마음을 울립니다. 어제 어머니들 포커스그룹 인터뷰하면서 특히 많은것을 생각하고 느꼈네요. 후기는 별도로 포스팅할게요
10월 3일 오전 9:52 · 좋아요 👍 1

순창겸 제 생각은 프로그램을 배운다는 개념도 중요하지만, 언어를 배운다는 개념도 중요하죠. C언어, 자바 뭐 이런거. 컴퓨터와 대화하기위한 언어. 왜 공부하세요?
10월 3일 오전 10:10 · 좋아요 👍 1

조인현 아이들에게 왜 영어 공부하니? 라고 물어 보셨나요? 아마도 얼마 아빠가 시켜서. 학교 시험때문에 등의 나쁜거에요. 아이들에게 영어는 즐거움을 줄 수 있는 놀이가 못되니까요. 아이들에게 중요한 것은 어떻게 하면 하이들에게 놀이가 되도록 할 수 있을까 생각해보면 답이 나오지 않을까 합니다.
10월 3일 오전 10:25 · 좋아요 👍 2

순창겸 굴욕엔. 재미가 있어.
10월 3일 오전 10:26 · 좋아요 👍 2

Eunhee Ha Jang-Kyung Son Inhyun Cho 안그래도 8학군 어머니들과 인터뷰하면서 "영어학원때문에 수학고 과학도 미술도 못한다고 그래서 방과후학교나 집에서 했다는 말을 들었어요 나를 끌리어댄다였던 자원어머니 때문에 초등때 일찍부터 영어를 배웠는데, motivation이 있었어요 ☆혼자서 AFKN (기억나시죠?)를 알아들으면서 영어를 잘배웠거든데? 중학교가서는 ☆좋아하는 New Kids On The Block을 만날라고, 고등학교가서는 ☆미국공부하러 유학가야겠어☆라는 생각 때문에 영어공부하는 나를 존중하고 칭찬해봤었는데 . 이런 사소하지만 아이들에게 중요한 동기가 될수있을 것 같아요
10월 4일 오전 11:27 · 좋아요 👍 1

조인현 Eunhee Ha 친구들을 만날거가 꿈이거나 게임을 좋아해서 일본어 공부한 녀석들이 좋았었죠. 역시나 동기만 주어지면 알아서들 알겠네요. 어른들은 살짝 방향만 잡아주고
10월 4일 오전 11:50 · 좋아요 👍 1

Eunhee Ha 맞아요 맞아요 우리에게 말도안되는 사소한 동기가 사실 아이들에게 불을붙 때문다는 New kids on the block이랑 공룡하겠다고 영어 네이티브 되겠다는 어처구니없는 생각이라니 딱 어쨌거나 덕분에 미국가서 공부도하고 살기도 했다니 ㅋㅋ
10월 4일 오전 11:53 · 좋아요 👍 1

해오면 재미와 동기부여 결국 또하나의 사교육 학원이 아닌, 문제해결 침를 자연스럽게 학교과정에서 체득할 수 있게하는게 중요한것 같습니다. 제가 아주 오래전 코딩하던 시절을 따올려보면 그때는 제가 메이킹 자체보다 엔지니어링에 집착했던 시절이라 동기부여에 거리가 없었고 또 지금은 기술환경이 그때와는 비교도 안될 정도로 개방적이고 접근성이 좋아졌죠. 접근 방식을 고민입니다. 그림그리기와 글짓기를 좋아하는 애들에게 어떻게 시작해야하나 고민입니다.
10월 4일 오전 11:53 · 좋아요 👍 1

조인현 히프미그림과 글짓기면 어린이 그림 동화책를 만들 수 있겠네요. 컴터로 캐릭터 그리고, 스크래치로 스토리 만들면 딱인듯
10월 4일 오후 12:06 · 좋아요 👍 2

Eunhee Ha Inhyun Cho Eunmi Huh 그러니까요! 코딩은 그날 메이킹을 위한 일본 이것서 어딜지 해야 한다는 집작목이 마구마구 불탈데. 어른되서 배울라니 기술적 완성도와 이론에 자꾸 집착하게되더라는 ㅜㅜ
10월 4일 오후 12:10 · 좋아요 👍

■ 코딩클럽 커뮤니티 회원들의 '학습의 동기'에 대한 대화 중

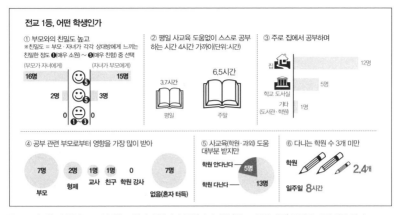

■ 2013년 6월 5일부터 2014년 6월 25일까지 '열려라 공부'가 소개한 '전교 1등의 비밀' 주인공 18명 설문 결과

드 뉴키즈온더블럭New Kids On The Block을 만나 결혼하고 싶어 영어 공부를 했든, 아버지가 사준 오디오에서 우연히 듣게 된 베토벤Beethoven의 월광 소나타의 감동을 원음 그대로 연주하고 싶어 피아니스트를 꿈꾸었든, 다 괜찮다. 아이들은 사소한 동기로 배움의 불꽃을 태운다.

　내가 스마트폰으로 게임을 하고 메신저만 한다고 해서 아이들도 그럴 거라고 넘겨짚지 말자. 아이들에게 제대로 만들고 즐길 수 있는 방법을 알려주자. 아이들은 초인간적인 집중력을 발휘해 상상 이상의 것을 생각하고 만들어내는 21세기 인재다. 하고 싶은 마음이 들고, 스스로 즐길 수 있도록 도와야 한다. 왜 이런 공부를 하고 이런 활동을 하는지, 이 세상에 또는 이 사회에 어떤 의미가 있는지 생각하고 체험할 기회를 제공해야 한다. 그것이 교육자, 학부모, 우리 어른의 몫이다.

'가르침'이 아닌 '배움'의 시대

| 한국 교육의 미래 |

지난 몇 십 년간 우리는 '입시'라는 절대 목표에 집중해왔다. 카스트Caste 제도처럼 계급화되고 변질된 교육체계에 염증을 느끼고 변화를 갈망해왔지만, 여전히 우리 아이들의 성적은 높되 행복지수는 낮다. 하지만 거꾸로교실을 주도하는 교육현장의 교사와 아이들, 코딩클럽의 교육 프로그램 개발자와 참가자, 다양한 비영리단체 교육 봉사자들이 교실에 불러일으킨 역풍은 변화의 씨를 확고히 심어주었다.

2014년 6월 '열려라 공부'의 조사 결과, 전교 1등 아이들의 비밀은 부모와의 높은 친밀도, 학원 수업보다 월등히 긴 스스로 공부하는 시간, 풍부한 독서량, 스포츠, 음악활동이라는 사실이 밝혀졌다. 결국 가르침이 아닌 배움, 암기와 주입이 아닌 응용과 창조로 교육의 패러다임이 쉬프트될 때(바뀔 때) 더 많은 전교 1등, 21세기의 핵심인재가 배출된다는 말이다.

가르침이 없어진 자리에 진정한 배움이 남았듯이, '남과의 경쟁'이 아닌 '스스로에게 맞는 기회'를 만들 때다. 미국 전前 교육부장관 리처드 라일리Richard Riley의 말대로 "교육을 통해 아직 개발되지 않은 기술(지식)을

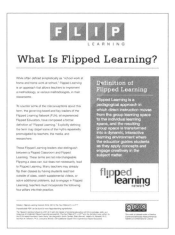
플립러닝 사이트

사용하여 우리가 아직 모르는 문제를 해결하고, 아직 존재하지 않는 직업을 위해 젊은이들을 준비시킬" 때가 되었다. 거꾸로교실과 코딩클럽이 이 세상에 필요한 이유다.

하은희

LG전자 소프트웨어, 신소재 분야 신기술 발굴 및 투자 업무 담당. 1976년 서울에서 출생했다. 고려대학교에서 독어독문학을 수학한 후, 엠넷(Mnet)의 프로듀서와 일본계 출판사를 거쳐 미국 영화사 MGM의 영화채널 사업개발을 담당했다. 이후 하버드 비즈니스 스쿨 MBA를 취득하고 미국 마이크로소프트(Microsoft)에서 미디어 엔터테인먼트 사업전략 및 신사업개발 업무를 진행했다. 어린이, 청소년 교육에 대한 남다른 열정으로 미국 매사추세츠 주 보스턴 소재
가드너초등학교(Gardner Elementary School)와 서울 CLC 희망학교 교육단, 미국 마이크로소프트에서 중 · 고등학생 디지털 리더십 프로그램 멘토링, 성남 청소년상담센터 리더십 특강 등 다양한 청소년 교육봉사 활동에 힘썼다. 프로보노 활동으로 MIT의 앱 인벤터 서밋(App Inventor Summit), 스크래치 컨퍼런스(Scratch Conference) 세미나에 참여한 것을 계기로 청소년을 위한 컴퓨터과학, 소프트웨어 교육 및 디지털창작 활동의 중요성을 절감했다. 이후 지역사회에서 프로그래밍을 배우고 즐길 수 있는 커뮤니티인 코딩클럽을 설립했다.

의학

이젠, 당신의 병이 보여요!

빅데이터 시대의 맞춤 의료

영화 〈마이너리티 리포트(Minority Report)〉에는 '미래범죄 경고시스템'이 나온다. 세 명의 예언자들이 목욕탕 같은 곳에 누워, 눈을 하얗게 뒤집으며 미래의 장면을 화면에 투사한다. 그러면 화면 속에 아직 '벌어지지도 않은' 살인 장면이 나온다. 이 경고에 따라 경찰들이 사건 현장에 출동하여 범인들이 사건을 일으키기도 전에 체포하고 사건을 마무리 짓는다.

얼마나 감동적인가. 소 잃고 외양간 고친다는 속담은 기억 속에 사라질 법한 이야기가 아닌가. 그런데 100퍼센트 현실화된 것은 아니지만 최근 의학계에서는 이와 비슷한 일들을 만들고 있다. 질병에 노출되기 전에 그 질병을 예측하고 예방할 수 있다는 것이다. 의학 분야의 발전은 영화 소재만큼이나 다이내믹하게 진보하고 있다. 고성능 MRI와 간단한 키트(kit)로 질병을 진단하고, 최근에는 3D프린터를 사용해 인공 광대뼈를 만들어 수술에 성공하기까지 했다.

최근의 의학은 삶과 죽음뿐만 아니라 삶의 질에 더 초점이 맞춰져 있다. 그만큼 하루를 살더라

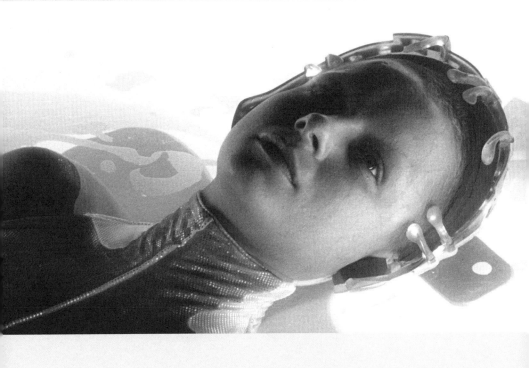

도 건강하게 사는 삶이 중요해진 것이다. 생명의 무게감은 다소 줄어들고 있지만 다가오는 미래에 의학은 점점 더 중요한 위상을 차지하게 될 것이다.

이러한 변화 속에서 의학의 미래를 이야기하는 것은 2015년을 준비하는 과정에 꼭 필요하다. 기술, 과학의 진보가 곧 생명과 삶의 질을 약속할 것이다. 의학의 발전으로 우리의 생명은 우리가 생각하는 것보다 더 길어질 수 있다는 결론을 유추할 수 있다. '질병 후 치료'에서 '예방, 맞춤 의료'의 시대로, 의학의 미래를 들여다보자.

스티브 잡스가 안드라카를 일찍 만났었다면?

| 건강 맞춤 시대 |

맞춤 정장을 입어본 경험이 있는가. 물론 고등학교 때 입었던 교복을 상상하면 안 된다. 아주 중요한 모임이나 미팅을 앞두고 맞췄던 옷을 입어보면 나도 몰랐던 몸의 비밀(?)을 어쩌면 이렇게도 속속들이 잘 아는지, 툭 튀어나온 배를 가려주고 굽은 등을 곧게 펴준다. 노련한 재단사의 솜씨에 한 번쯤 감탄할 수밖에 없을 것이다. 이때 입은 옷은 중요한 미팅 자리에서 긴장하여 굳어버린 나를 믿어주는 든든한 친구와도 같다. 이렇게 나만을 위해 준비된 맞춤 정장을 의료계에서도 만날 수 있게 된다. 내 몸을 속속들이 파악하고 부족한 영양분, 심지어 향후 발생할 병들을 기록해주는 기술이 전 세계 병원들에서 준비되고 있는 현실이다.

어떻게 이것이 가능한 것일까? 이러한 세계적 현상에 대한 이해에 좀 더 다가가기 위하여 얼마 전 세계를 놀라게 한 열다섯 살 소년 잭 안드라카Jack Andracka의 이야기를 살펴보자.

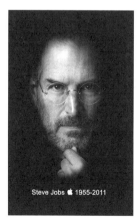

Steve Jobs 1955-2011

■ 스티브 잡스 추모 사진

췌장암으로 세상을 떠난 애플Apple사의 CEO 스티브 잡스Steve Jobs가 이 소년을 생전에 빨리 만났더라면 어땠을까? 그를 죽음으로 내몬 췌장암을 조기 진단할 수 있었을 것이고, ITInformation Technology 기술의 비전은 그야말로 혁명의 연속이었을 것이다.

인터넷으로 모든 것이 가능했다
| 방대한 데이터의 분석 |

　잭은 미국 메릴랜드의 한 고등학교에 다니는 평범한 학생이었다. 열세 살 되던 해 잭은 삼촌처럼 친하게 지내던 아버지의 친구가 췌장암으로 사망하는 것을 보게 된다. 그 일을 계기로 잭은 인터넷을 통하여 '췌장암 환자의 85퍼센트 이상이 암 말기에 진단되며, 이들 중 생존확률은 단 2퍼센트밖에 되지 않는다'는 사실을 알게 된다. 잭은 췌장암이 뒤늦게 발견되는 이유가 궁금했다. 그 후 '췌장암의 진단방법은 지금으로부터 60년 전에 고안된 방법이며, 이를 검사하기 위해서는 약 800달러의 비용이 든다'는 사실도 확인했다. 잭의 궁금증은 꼬리에 꼬리를 물고 이어졌다. 검사에 민감도가 높고 비용이 저렴하며 결과를 확인하기까지의 시간이 적게 드는 효율적인 진단방법이 개발된다면 암의 조기진단 및 예방도 가능할 것이라는 게 그의 생각이었다.

　그러던 어느 날, 지루하기만 한 생물학 강의를 듣던 중 '항원-항체 반응'에 관한 설명을 듣는 순간 잭은 영감을 얻게 된다. 약 3개월 동안 위키피디아wikipedia, 구글Google 등을 일일이 찾으며 방대한 데이터를 혼자서 모으고 또 모았다. 약 8,000여 개의 단백질을 조사하였고 단백질 분석 4,000번째 만에 췌장암, 난소암, 폐암에 반응하는 바이오마커Biomarker인 단백질 메소텔린Mesothelin을 찾아내게 된다. 그는 문구점에서 한 장에 3.5센트 하는 종이를 구입하여 나노튜브와 메소텔린 항체를 물에 부어 섞은 다음 종이에 찍어서 말리는 방식으로 종이 센서를 만들었다.

▌안드라카의 연구 모습(왼쪽)과 2013년 테드 컨퍼런스 연설 장면(오른쪽)

잭은 심화 연구를 하고자 관련 연구를 하는 기관 200여 곳에 연락하였으나 연구소들 대부분이 가능하지 않다는 회신을 보내왔다. 다행히 존스 홉킨스Johns Hopkins 대학교에서 그 가능성을 보고 공동 연구를 할 수 있는 길을 열어줬다. 연구하는 도중 고가의 원심분리기를 고장 내는 등 실수도 많이 했지만 잭은 기존보다 168배나 빠른 단 5분으로 검사 시간을 단축하였고, 기존 진단 비용의 2만 6,000분의 1에 불과한 단돈 3.5센트로 그 비용을 절감하였으며, 과거 800달러짜리 검사보다도 400배 이상 높은 민감도로 15퍼센트에 불과하던 췌장암 조기 발견율을 크게 높이는 획기적인 연구결과를 얻었다. 이 결과로 그는 인텔Intel 국제과학경진대회에서 '고든 무어상The Gordon E. Moore Award'과 함께 7만 5,000달러를 수상했으며, 현재 2015년을 목표로 상금 1,000만 달러(약 109억 6,000만 원)가 걸린 퀼컴Qualcomm 재단의 연구 프로젝트인 트라이코더Tricoder(미국 영화 〈스타트렉Star Trek〉에 등장하는 휴대용 자가 진단 의료기기로, 환자를 한번 스캔하면 건강상태를 알 수 있는 기계) 개발 연구에 몰두하고 있다.

전 세계 굴지의 대학 연구소에서 밤낮없이 연구에만 몰두하는 의학도와 화학도들의 노력을 무색하게 만든 이 이야기의 주인공이 다름 아닌 15세 소년이란 사실도 놀랍지만, 그 방법을 찾아내는 과정에서 '항원-항체반응'에 관한 생물 선생님의 강의를 듣고 아이디어를 얻었다거나, 실험실에서만이 아니라 방대한 인터넷 데이터 분석으로 연구결과를 도출한 점은 경이롭다고 평가할 수 있다. 더불어 많은 양의 데이터를 효율적으로 분석하는 것이 올바른 결과를 내는 데 있어 얼마나 중요한 의미를 갖는지 가르쳐주었을 뿐 아니라, 이러한 방법을 잘 응용하면 현재 불치의 질병들을 진단하고 치료할 수 있는 가능성을 높일 수 있음을 우리에게 보여주었다.

질보다는 양, 인과관계보다는 상관관계에서 답을 찾다
| 빅데이터의 본질 |

그렇다면 방대한 데이터. 즉, 특정 현상의 데이터뿐만 아니라 개인의 한 평생을 이루는 주요 개별 데이터를 모두 취합한다면 어떤 일이 벌어질 것인가. 더불어 수억 명의 개별 데이터를 취합해서 상호 연관성을 추적하고, 별개로 이 수억 명에 대한 데이터를 과학적 그리고 효율적인 방법으로 철저히 분석한다면 과연 그 결과의 합은 무엇이라고 말할 수 있을까?

우선 방대한 데이터의 의미를 논하기 전에 상관관계의 의미를 한번 생각해볼 필요가 있다. 잭은 혼자 힘으로 수집한 약 8,000여 개의 단백질 데이터에서 메소텔린 단백질을 찾아냈고 데이터 분석을 통해 췌장암과의 연관성을 발견해냈으며, 이를 의료 진단에 응용하였다. 췌장암과 메소텔린의 연관성. 세계의 의학자와 과학자들 어느 누구도 잭이 발견하기 전에는 이들이 갖는 연관성의 고리를 이해하지 못했다.

쉽게 이해하기 어려운 상관관계의 예를 우리는 나비효과Butterfly Effect 이론에서 찾아볼 수 있다. 잘 알려져 있듯이, 나비효과는 브라질에 있는 나비 한 마리의 날갯짓이 미국 텍사스에 토네이도를 발생시킬 수도 있다는 '초기 조건에의 민감한 의존성'에 기반을 둔 물리학의 한 이론이다. 미국의 기상학자 에드워드 로렌츠E. Lorentz가 1961년 기상을 관측하던 중 생각해낸 원리로, 훗날 카오스 이론Chaos Theory의 토대가 되기도 했다. 일개 나비의 날갯짓과 지구 반대편의 토네이도가 도대체 어떤 연관성이 있다는 것일까? 물리학적인 상호 인과관계의 증명 없이는 도저히 이해하기 어려운 상관관계의 한 예다.

이렇듯 우리가 사는 이 세상에는 서로 아무 관련이 없어 보이는, 그러나 매우 중요한 의미가 숨어 있는 무수한 키워드들 간의 연결고리가 엄연히 존재한다. 즉, 우리가 비록 알지는 못하지만 서로 의미 있는 상관관계에 있는 요소들이 무수히 존재한다는 말이다.

우리는 어떻게 여러 상관관계 속에 있는 요소들을 발견하여 각각을 연결할 수 있을까? 그저 '우연'이라는 행운에 의존하거나 '인과관계의 심오한 통찰'을 통해서 그 해답을 하나씩 찾아 나가기에는 현대의 발전 속도는 가히 기하급수적이다.

그 해법 중 하나가 최근 세계 각국의 다양한 학문 분야에서 새로운 연구 패러다임으로 급부상하고 있고, 그 결과 막강한 힘을 발휘하고 있는 '빅데이터 분석Big Data Analysis'이다. 의학도 예외는 아니어서 이에 대한 활발한 적용이 세계 여러 나라의 병원 및 연구소에서 새로운 의학에의

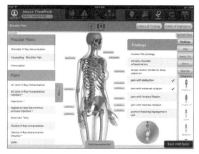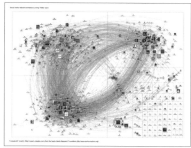

접근방식으로 자리 잡아가고 있다. 미래학자들은 아마도 2015년을 기점으로 더욱 더 기하급수적으로 발전할 것으로 전망하고 있다.

빅데이터 분석의 기본개념은 '양Quantity'이 '질Quality'을 압도한다는 것이다. 일반적으로 '질'이 '양'을 압도하는 것이 상식이지만, 그 '양'이 기하급수적으로 늘어나게 되면 어느 순간 '질'을 능가하는 힘이 발생된다는 개념이다.

또한 '빅데이터 분석'의 관심은 '인과관계'보다는 '상관관계'에 있다. 이를 통하여 서로 아무 관련이 없어 보이는 두 요소가 상호 연관성 있는 결과로 나타나기도 한다. 즉, 왜인지는 몰라도 A가 발생하면 B가 발생하는 것으로 보이기 때문에 다음에 A라는 현상이 일어날 때 B가 일어날 것이라고 예측할 수 있는 것이다. 위의 예에서 보았듯이 '췌장암과 메소텔린의 연관성', '나비의 날갯짓과 지구 반대편의 토네이도 간의 연관성'의 경우도 빅데이터 분석을 통한다면 서로의 인과관계를 도출하기 전에 의미 있는 상관관계로의 결과물로 먼저 분석될 수 있다는 의미다. 수많은 시행착오를 거쳐 상호 인과관계를 밝히기에 앞서 서로 의미 있는 상관관계에 있는 요소들을 알아낼 수 있다면 의학적 연구 방향 및 계획을 수립하는 단계에서 연구자들은 획기적으로 연구 시간을 단축할 수 있을 뿐만 아니라 효율적인 인과관계 분석에 접근할 수 있게 될 것이다.

물론 빅데이터 분석에 어두운 면들이 없는 것은 아니다. 개개인에 관련된 요소 하나하나를 일일이 분석하다 보면 개인의 사생활 침해의 문제가 발생할 수도 있고, 이러한 개인정보들의 유출 위험성 같은 보안성의 문제, 또한 데이터를 지나치게 맹신한 나머지 확률의 문제라는 것을 잊고 빅데이터의 예측 시스템 안에 개개인을 얽매어놓는 부작용이 발생할 수도 있다. 그런데 이렇게 생각해보면 어떨까. 질병을 치료하는 데 있어 아무리 명약이라 할지라도 부작용이 전혀 없는 약은 이 세상에 존재하지 않는다. 약의 부작용을 고려하더라도 주 효과가 질병 치료에 많은 이득을 줄 수 있다면 환자에게 사용하는 것이 맞을 것이다. 그러한 의미에서 최근 세계적 의학 트렌드Medical Trend를 고려할 때, 전 세계의 의학자들은 향후 빅데이터를 이용한 과학적 접근이 현대의학 연구에 있어서 효과적인 방법론 및 해결책을 우리에게 제시해줄 수 있는 매우 중요한 도구로 자리매김할 것이라고 보고 있다.

빅데이터는 당신의 병을 알고 있다
| '질병 후 치료'에서 '예방, 맞춤 의료'의 시대로 |

최근 유방절제술을 받은 미국 할리우드 여배우 안젤리나 졸리Angelina

_{Jolie}는 미국 뉴욕타임스_{The New York Times}에 '나의 의학적 선택_{My Medical Choice}'이라는 기고문을 게재하며 자신의 소신을 밝힌 바 있다. 그녀는 유방암에 걸리지 않았으나 가족력 및 유전자 검사를 통하여 유방암을 유발하는 BRCA1 유전자 돌연변이를 가지고 있음을 확인하였고 그 사실만으로 유방절제술을 결심했다.

암에 걸리지 않았으나 절제술을 받은 안젤리나 졸리

"의사는 내가 유방암에 걸릴 확률이 87퍼센트, 난소암에 걸릴 확률이 50퍼센트라고 추정했다. 유방절제술을 받은 지금은 유방암에 걸릴 확률이 5퍼센트로 감소했다."

그녀의 사례는 기존의 의료가 '질환의 사후 치료'에 초점을 맞추었다면, 미래에는 개인의 유전자 정보를 이용한 '예방 및 맞춤 의료'로 흐름이 바뀌어가고 있다는 사실을 단적으로 보여준다.

생물학자 르로이 후드_{Leroy Hood}가 2008년에 예측했듯, BT_{Bio Technology}와 IT의 융합을 통한 미래의 의료 키워드는 4P로 요약될 수 있다. 즉, 취약한 질병과 의약품에 대한 효과를 '예측_{Predictive}'하고, 일상에서 건강관리를 통한 질병을 '예방_{Preventive}'하며, 개인의 유전체 및 환경을 고려한 '맞춤형_{Personalized}' 치료를 시행하고, 소비자의 정보가 많아짐에 따른 '참여_{Participatory}'의 확대가 그것이다. 이를 통하여 그는 건강관리_{Health Care}의 중심이 질병에 대한 '반응_{reaction}'에서 '예방'으로, '질병_{disease}'에서 '건강_{wellness}'으로 이동할 것이라고 예측했다.

이와 같은 의학의 세계적 흐름을 좀 더 자세히 살펴보면, 전 세계의 의학 빅데이터 분석은 크게 '개인적 측면'과 '공공적 측면'으로 나눌 수 있으며, 현재 네 가지 방식으로 환자 맞춤 의료에 접근하고 있다. 먼저, 환자 개인적 측면에서는 '유전체 데이터 분석', '진료정보 데이터 분석', 스마트폰 및 소셜 네트워크 서비스Social Networking Service(사회적 인맥 서비스, 이하 SNS)에서 얻어지는 개개인의 생활패턴 정보인 '라이프로그 데이터 분석'을 하는 접근방식이다. 다음으로 환자 전체의 공공적 측면에서는 약물 정보, 방사능 노출에 대한 정보 등의 '공공의 데이터 분석'과 같은 접근 방식이 있다.

1,000달러로 10일 안에 당신의 질병을 분석해드립니다
| 유전체 데이터 분석 |

미국은 지난 13년 동안 인간이 갖고 있는 유전체의 모든 염기서열을 분석하여 인간의 유전자 지도를 완성한다는 '인간 유전체 프로젝트Human Genome Project(1990~2003년)'를 진행했다. 이 프로젝트를 시작하면서 무려 25억 달러(약 3조 원)가 투입되었다. 이후 2002년 미국의 생명공학기업 454 라이프 사이언스454 Life Science와 영국의 바이오벤처회사 솔렉사Solexa가 '차세대 염기서열 분석Next Generation Sequencing, NGS 시스템'을 개발하면서 단 10일이라는 짧은 시간 안에 한 사람의 유전체를 분석하는 '초고속 유전체 해독기술'이라는 쾌거를 이루었다. 이로써 '개인 유전체Personal Genome'

에 기반을 둔 '개인 맞춤형 치료' 시대의 문을 열게 된 것이다.

오늘날에 이르러서는 생명공학회사 23앤드미23andMe사가 999달러에 개인 유전체 데이터 분석서비스를 제공하는 수준으로 발전하여 바야흐로 1,000달러만 있으면 나의 유전체 전부를 해독할 수 있는 맞춤 의료의 시대로 접어들게 되었다.

▌1000달러만 내시면 당신의 병을 알려드립니다. 인간 유전체 프로젝트 포스터

더욱이 암 맞춤 의학 분야도 활발하게 진행되고 있다. 미국의 오바마Obama 정부는 출범과 동시에 맞춤 의료 연구개발 강화정책을 추진했다. 국립인간유전체연구소와 국립암연구소를 중심으로 암 유전체 도감The Cancer Genome Atlas 프로젝트를 수행한 결과, 20개 성인 고형암종 1만 명 환자의 암 유전체 빅데이터를 구축하는 데 성공했다. 더불어 '국제 암 유전체 컨소시엄The International Cancer Genome Consortium'을 통해 여러 국가 연구자들의 협력을 얻어 암 환자 2,000명의 종양과 정상 조직의 유전체를 분석하고 빅데이터를 구축하는 사업을 지속하고 있다.

물론 이러한 개인의 유전체 정보가 '개인정보'인지 '의료정보'인지에 관한 문제는 법으로 규정되기에 앞서 논란의 여지가 아직 남아 있다. 더불어 지난 2010년에는 23앤드미사가 유전체 분석 속도를 빠르게 하는 데 치중한 나머지 재현성 및 정확성이 감소하여 96명의 환자에 대한 잘못된 유전체 데이터 분석을 내렸고, 이로 인해 지난 11월 미국 식품의약국FDA은 이 회사의 유전자 테스트 키트가 FDA의 승인을 받

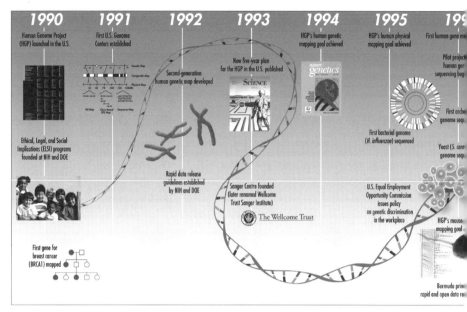

인간 유전체 프로젝트의 진행상황(1990년~2003년)

을 때까지 판매를 중지할 것을 명령하는 사건도 있었다. 그러나 유전자 분석 기업을 대상으로 개인의 유전체 분석에 대하여 FDA 승인을 의무화 하는 등 문제점 해결을 위한 발 빠른 움직임들이 다각도로 이루어지고 있어 빅데이터를 통한 맞춤 의료를 발전시키는 과정에서 발생 가능한 시행착오들은 앞으로 점차 줄어들 것으로 보인다.

어릴 적 잊고 지낸 병들을 찾아줍니다

| 진료정보 데이터 분석 |

한편 '진료정보 데이터 분석' 분야에 있어서는 환자가 병원에서 진

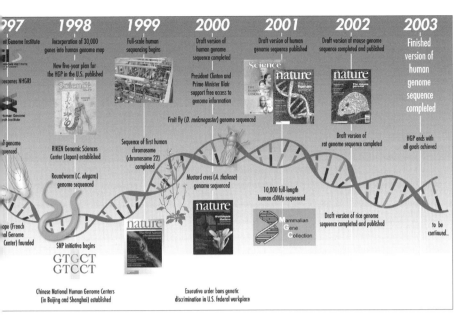

료를 시작한 시점부터 가장 최근 진료가 끝난 시점까지 모든 개개인의 병원 진료 기록들을 모으고, 나아가 그 환자의 평생 진료 자료를 빅데이터로 체계화하여 '유전체 데이터 분석'과 더불어 입체적인 맞춤 의료에 접근하려는 다양한 시도들이 이루어지고 있다.

한 가지 예를 들어보자. 발열과 심한 기침 때문에 병원에 내원한 어느 환자의 경우, 상기도 감염이라는 진단을 받는 동시에, 환자의 진료정보 데이터 분석을 통하여 환자 자신도 기억하지 못하는 수년 전 타 병원에서 진단받았던 천식의 과거력을 확인할 수 있었다. 이때 의사는 유전체 데이터 분석을 통해 이 환자의 유전자들 중 천식 치료제인 '테오필린Theophylline'을 분해하는 효소 유전자가 손상되었음을 알게 된다. 이런 상황에서 상기도 감염을 동반한 천식소견의 해당 환자에게 테오필린의 처방이 자칫 위험할 수도 있음을 알고, 다른 천식 치료제로 대체할 수 있게 된다. 이것이 맞춤형 처방이 제시하는 하나의 가능성이라 할 수 있다.

◻

SNS만 봐도 당신의 병이 보여요
| 라이프로그 데이터 분석 |

이러한 의학적 정보를 분석해서 질병을 예상하는 것이 1차적 목표라면, 더 나아가 개개인의 일상적인 기록들을 살피면서 그 사람의 질병을 예측할 수 있는 가능성도 열리게 된다. 즉, 스마트폰과 CCTV만으로도 개인의 질병을 파악할 수 있다는 것이다.

현대인은 스마트폰 사용과 더불어 일상에서 페이스북, 트위터Twitter 등 SNS에 수없이 로그인하고 있다. 여기에서 발생한 개개인의 모든 활동 기록들이 질병을 예측하는 방법인 '라이프로그 데이터 분석'에 활용되면서 환자 맞춤 의료 접근에 응용되고 있다. 또한 사람의 눈보다 많은 CCTV가 곳곳에 설치되고 '위치 및 지리정보 시스템'이 '바이오 빅데이터Bio Big Data'와 연계하면서 개개인의 생활패턴에 관한 엄청난 데이터들이 매일같이 만들어지고 축적되고 있다.

이러한 접근방식의 응용은 하버드대학교 연구팀의 한 연구에서 그 아이디어를 찾아볼 수 있는데, '페이스북에서의 친구관계를 분석하면 그 사람이 동성애자인지, 양성애자인지 99.9퍼센트 확인할 수 있다는 연구'에서 그 개념을 이해할 수 있다. 즉, SNS에 로그인하여 활동한 개개인의 생활패턴 데이터를 통해 네트워크 구조를 파악하면 질병의 패턴 또한 유추할 수 있다는 것이다. 이를 의학에 응용하면 다음과 같은 이야기가 펼쳐질 듯하다.

"나는 35세 남성, 평범한 직장인이다. 아침 식사를 제대로 해본 지가 언제인지 기억조차 나지 않는다. 새벽 6시면 집을 나선다. 지하철에서 꾸벅꾸벅 졸다가 깨어보니 문득 오래된 친구들 소식이 궁금하다. 잠깐 페이스북에 로그인하여 친구들의 새로운 소식들을 보고, 광화문역을 지날 때쯤 나도 내 사진과 더불어 소식 한 줄 올린다. 친구들의 반응이 궁금하다. 역에서 내려 회사 정문에 도착하기 전 걸으면서 담배 한 개비를 꺼내 문다. 스트레스 받는 날은 하루 두 갑까지도 피운다. 거의 10년간 반복된 하루하루다. 고등학교 시절 어른들 몰래 담배를 피운 시간까지 계산한다면 얼추 16년째 흡연이다. 속이 쓰리고 약간의 오심도 느껴진다. 어제 미처 다 작성하지 못한 서류 때문에 오늘 상사에게 날벼락 같은 호통을 맞을 생각을 하니 더더욱 그렇다. 오전 7시 반에 사무실에 도착해 커피를 한잔 마시고 일을 시작한다. 아니나 다를까, 상사가 좀 지나칠 정도로 화를 낸다. 서류들이 이리저리 날아다닌다. 간신히 서류 완성 기간을 일주일 연장하도록 허락을 받아냈다. 상사의 방을 나서자마자 안도의 한숨 한번 쉬고, 자리로 가는 대신 커피 자판기로 향한다. 커피 한잔과 함께 또 담배 한 대를 문다. 오후 12시 반까지 이렇게 해서 마신 커피가 총 다섯 잔. 속이 쓰려온다. 동료들과 사무실 앞 설렁탕집에서 점심 식사를 한다. 어젯밤 과음한 탓에 해장이 필요하다. 사장님께 국물 한 사발 더 서비스로 달라 해서 아주 깨끗이 비웠다. 어제 3차까지 이어진 술자리에서 소주 세 병과 양주 반병을 마셨다. 아니, 기억하는 것보다 더 마셨을지도 모른다. 기억이 희미하다. 이런 날이 일주일에 이틀 정도는 되는 것 같다. 식후 담배 한 대를 물고서 이렇게 반복되는 하루하루에 대한 한탄 겸 나를 돌아보는 시간을 가질 겸 해서 내가 운영하는 블로그Blog에 몇 자 적는다. 일기 형태로 이 모든 일상을 올려온 지 이제 10년이 다 되었다. 이렇게 하면 답답했던 마음에 조금은 위안이 되는 것 같다. 늘 그렇듯이 업무를 다 마치고 밤 10시에야 사무실을 나설 수 있었다. 밤샘 근무가 없어서 그나마 다행이다. 오늘도 일이 많았던 탓에 저녁 식사를 못했다. 딱 한잔만 하자며 꼬드기는 동료와 함께 교대역 곱창집으로 향한다. 어젠 삼겹살로 했으니 오늘은 곱창이다. 소주 한두 잔 들어가다 보니 오늘도 어느덧 소주 세 병. 이렇게 시간을 보내고 귀가하여 잠이 든 시간이 새벽 1시다. 매일매일 고단한 일상의 반복이다. 과연 내 인생은 어떤 의미가 있는 걸까."

이 남성의 수년간의 행동 기록들은 SNS와 CCTV에 모조리 기록되고 데이터화 되며 하루도 빠짐없이 생성되고 업데이트된다. 그의 식습관부터 행동패턴, 날마다 이동하는 동선, 친구 네트워크 및 취향까지 이 모든 것들이 빅데이터화 하여 기록되는 것이다.

이 남성은 아침부터 빈속에 커피를 자주 마시기 때문에 위궤양 위험성을 예측할 수 있다. 잦은 음주 및 스트레스에 의한 지방간의 가능성 또한 예측 가능하며, 평소 기름진 음식을 즐겨 먹는 생활패턴에서는 '복부 비만의 가능성'을 보고, 향후 '전립선 비대증 발병 가능성'을 유추할 수 있다. 또한 평소 '흡연 습관의 패턴'을 분석하면 '폐암'은 물론 향후 '방광암의 발병 가능성'을 예측할 수 있다('복부비만'과 '전립선 비대

증', '흡연'과 '방광암'에는 상호 연관성이 입증되었다).

인간 군 분석에서 치료의 답을 찾는다
| 공공의 데이터 분석 |

약물 정보, 방사능 노출 정보와 같은 '공공의 데이터 분석'은 위에서와 같은 개개인의 정보들을 넘어 거대한 인간이라는 군의 개념에서 바라보는 빅데이터의 응용이다. 어떤 항암제를 처방해야 그 환자에게 더욱 효과적일지에 대한 약물정보 분석 연구의 예에서 그 접근방식을 이해할 수 있다.

예를 들어 많은 항암제 중 폐암 환자에게 적합한 항암제를 선택해야 할 경우, 거대한 폐암 환자군의 유전자 분석을 통하여 EGFR_{Epidermal Growth Factor Receptor}(상피세포 성장인자 수용체를 의미하며, 암세포의 분화 및 성장을 촉진하는 특이적 세포 내 신호전달 경로와 관련 있다고 알려져 있는 단백질의 일종) 유전자의 활성화 돌연변이가 있는 환자군에서 EGFR 표적 항암제인 '이레사_{Iressa}', '타세바_{Tarceva}' 등의 약물이 효과적이었다는 연구 결과를 참고할 수 있다. 이를 임상에 적용하면 폐암 환자에게 쓰이는 여러 항암제 중 그 환자에게 보다 치료 효과가 좋은 항암제를 선택 처방할 수 있다는 개념이다.

한국, 질병 예측모델을 개발하다
| 국내 맞춤 의료의 현실 |

국내 맞춤형 의료서비스는 세계적 추세와 비교해볼 때 아직은 초보 단계에 있다. 그러나 한국과학기술정보연구원KISTI의 2013년 자료에 의하면, 보건의료 분야의 빅데이터 시장 성장률(2013~2020년)은 연평균 25퍼센트 이상 고성장할 것으로 전망하고 있다. 특히 2015년 빅데이터 시장의 성장 전망이 169억 달러로 추산됨에 따라, 최근 국내 보건의료 분야에서도 빅데이터를 이용한 다양한 비즈니스 모델 개발을 촉진하는 등 그 움직임이 활발하게 이루어지고 있다.

실제로 국민건강보험관리공단은 국내 민간 소셜미디어 기업과 함께 '국민건강 주의 예보 서비스'를 제공하기 위해 건강보험 빅데이터를 분석하여 질병 예측모델을 개발하고, 종합적으로 국민건강 주의 예보를 위한 플랫폼을 개발했다.

국내 한 기업은 한국의약품안전관리원과 국내 대학병원과 연계하여 빅데이터 기반 의약품 안전성 조기경보 서비스 개발을 추진하고 있으며, 정부는 관계 부처와 공동으로 '포스트게놈Post genome 다부처 유전체 사업'을 추진하여 유전체 연구 전 분야에 걸쳐 8년간(2014~2021년) 국고 5,788억 원을 투자할 예정이다. 또한 국내 한 기업은 2012년 암 유전자 분석 시범서비스 완료 후 서비스 가격을 정하고 본격적인 상용 서비스를 출시한 바 있다.

최근에는 연세암병원 종양내과가 다국적 제약사인 MSDMerck Sharp &

Dohme사와 공동으로 위암 맞춤 차세대 면역치료제 개발에 착수했으며, 미국 주도의 스마트 컨소시엄, 유럽 주도의 윈 컨소시엄과 MD 앤더슨 자매병원 컨소시엄의 멤버로 가입해 개인별 맞춤 표적치료의 개발을 위한 인프라를 구축할 계획에 있다.

2015년 주요 연구

| 주목해야 할 세계 맞춤 의료 |

현재 대용량의 바이오 데이터를 통합적으로 분석 처리하여 의료진단 등 맞춤형 의료서비스에 활용될 생명정보학Bioinformatics 시장은 전 세계적으로 2012년 32억 달러 규모에서 해마다 성장하여 2017년 75억 달러를 상회할 것으로 전망되고 있다. 따라서 2015년에는 다음과 같은 연구 분야들에 관심을 가져볼 필요가 있다.

BT와 IT 기술 융합을 통해 유전체 정보를 활용한 맞춤형 치료분야에서 첫 번째, 일루미나Illumina, 비지아이BGI, 파운데이션 메디슨Foundation Medicine, 23앤드미23andMe사의 염기서열 분석에 기반한 맞춤형 치료 분야, 두 번째, 게놈 리버티Genome Liberty, 지노펜Genophen사의 유전자 - 약물 상호관계 분석에 기반한 약물 유전체학 테스트와 유전체 정보 - 환경적 요인을 융합한 질병 위험 분석 및 예방법 제안 분야, 세 번째, 아틀라스 스포츠 지네틱ATLAS Sports Genetics, 지네틱 퍼포먼스Genetic Performance사의 운동적성 테스트 및 맞춤형 체중관리 프로그램 분야, 네 번째, 뉴트리지노믹스

Nutrigenomix사의 만성질환 예방을 위한 맞춤형 식단 프로그램 분야, 다섯째, 구글, 애플, 삼성의 웨어러블 디바이스Wearable Device(입는 기기)를 이용한 건강 체크시스템 분야로 요약할 수 있겠다.

나만의 치료법, 맞춤 의료가 시작된다
| 스마트 에이징 시대의 도래 |

이 세상은 상호간의 인과관계가 너무나도 복잡하게 얽혀 있어 서로의 연관성이 아주 멀어 보일 수도 있다. 그러나 상관관계적 의미가 있는 여러 키워드들이 유기적 연결고리들로 구성되어 있다는 것을 우리는 지금까지 조금이나마 경험하였다. 이러한 키워드 퍼즐조각들을 하나씩 맞추어 나가다 보면, 어쩌면 인간에 관한 오묘한 진리와 섭리를 아주 조금이나마 느낄 수 있지 않을까 하는 것이 개인적인 생각이다.

이제는 '100세 시대'다. 노인인구가 총인구의 14퍼센트 이상을 차지할 정도로 현재 우리나라는 급격한 고령화 시대에 접어들었고, 이러한 경향은 이미 세계적인 추세로 자리매김하고 있다. 그런 의미에서 지금 전 세계에서는 '스마트 에이징Smart Aging의 시대'란 말이 미래의 키워드 중 하나로

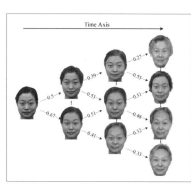
▌스마트 에이징 시대가 오고 있다.

부상하고 있다. 똑똑하고 현명하게 늙어가자는 의미다. 나의 건강에 대해 바르게 알고, 현명하게 대처해야 100세 시대를 누릴 수 있다.

그렇다면 어떻게 해야 똑똑하고 현명하게 늙어가는 것일까? 기존의 의료였던 단순한 '질환 후 치료'를 넘어, 이제는 나에게 맞는 의료를 맞춰 입어야 한다. 기성복과 같은 단편적인 피검사 수치, CT 혹은 MRI 검사 결과 등을 통한, 개인적 특성을 고려하지 않은 획일적인 진단과 치료는 뒤로하고, 앞으로는 내 몸에 딱 맞고 어울리는 나만의 의료 맞춤복을 입어야 한다. 맞춤 의료를 통한 질병의 치료 및 예방이 미래 의료계를 여는 열쇠들 중 가장 강력하고 중요한 힘이 될 것으로 저자는 믿는다.

지금 이 글을 읽고 있는 당신, 이제 맞춤 의료를 입을 준비가 되어 있는가?

박재준

세브란스병원 비뇨기과 의사. 1970년생. 경기고등학교와 연세대 의대를 졸업했다. 경기고 재학 당시 영자신문반 활동을 하면서 전 세계의 다양한 분야에 두루 관심을 갖게 되었다. 생명공학 분야 리서치(Research)에도 관심이 있어 미국 하버드 의대에서 올레 아이작슨(Ole Isacson) 교수의 지도로 줄기세포생물학(Stem Cell Biology) 및 신경과학(Neuroscience) 분야에서 펠로우십(Fellowship) 과정을 마쳤다. 의대 재학 시절에는 의대생 학술분야 1인으로 선정되어 제7회 청년 슈바이처상을 수상했고, 1998년에는 SBS 서암학술장학재단 연구지원금 수혜자로 선정되기도 하였다.

IT

모든 사물들을 연결하라

인터넷 혁명을 뛰어넘는 사물인터넷 혁명

"한 시간 전 이미 350칼로리를 섭취하셨습니다. 또 드시겠습니까?" 배가 고팠지만 조용히 냉장고 문을 닫았다. 최근 시작한 다이어트 계획을 핸드폰에 저장했더니 냉장고에 자동 설정되면서 끊임없이 잔소리를 해대고 있다. 엎친 데 덮친 격으로 아내는 나를 돕겠다며 냉장고의 개폐시간을 조정하여 저녁 7시 이후로는 문이 열리지 않도록 만들어놓았다.

위의 이야기는 공상과학 영화에서 나오는 장면이 아니다. 이미 어느 부분에서는 기술 개발을 마친, 곧 실현 가능한 이야기다. 기술은 어디까지 진보하는 것일까? 아마존(Amazon)은 미국 전역에서 독자가 30분 안에 책을 받아볼 수 있는 시스템을 개발중이다. 옥터콥터(Octocopter, 날개 여덟 개 달린 무인기)를 활용해 배송을 할 것이며, 이는 4~5년 안에 이루어진다고 발표했다. 2014 국제전자제품박람회(CES)에서는 '사물인터넷'을 미래 성장동력이라고 지목했다. 그러자 구글은 가정 내 온도조절장치 센서 기술을 가진 회사 네스트(Nest)를 현금 32억 달러(3조 4,000억 원)에 매입

하였다. 국내 기업 삼성전자도 이와 관련된 소프트웨어 개발에 박차를 가하고 있다. 최근 코카콜라 (Coca cola)는 사람의 목소리(음성인식)를 통해 재고관리, 배송, 서비스 지원 등을 지원하는 시스템을 도입했다. 그 결과로 자본 비용 절감, 생산성 향상 등 눈에 띄는 성과를 이뤘다.

기술은 사람과 사물, 사물과 사물의 거리를 점차 좁히고 있다. 이제 모든 것은 연결될 것이다. 그동안 '세대 간의 단절', '정치적 입장의 견해차' 등 사람과 사람 사이의 거리를 좁힐 수 있는 방법은 찾기가 쉽지 않았다. 사람과 사물, 사물과 사물이 연결되면서 사람과 사람 간의 거리도 좁혀지길 바란다.

'인간과 인간'을 넘어 '인간과 사물'로

| 사물인터넷의 개념 |

　사물인터넷Internet of Things이라는 단어가 곳곳에서 모습을 드러내고 있다. 사물인터넷은 사물들이 인터넷에 연결되는 것을 말한다. 무슨 뜻일까? 우리는 인터넷이 무엇인지는 잘 알고 있다. 지난 30년 동안 인터넷혁명이 만든 세상의 변화를 지켜보았기 때문이다. 인터넷은 우리가 접속해야 하는 가상의 세계다. 그 가상의 공간에서 우리는 실생활에 필요한 온갖 정보들을 찾을 수 있다. 인터넷은 우리로 하여금 실제 물리적 이동 없이도 얼마든지 정보를 습득하고 전달할 수 있게 만들어주었다. 우리는 지구 반대편에서 어떤 일이 일어나는지를 거의 실시간으로 알수 있고, 필요한 정보를 도서관이나 현장에 직접 가지 않고도 구할 수있다. 인터넷에 이어 지난 10년은 모바일 혁명이 더해졌다. 스마트폰의 도움으로 더 이상 인터넷에 접속하기 위해 집과 사무실에 고정된 PC를 사용할 필요가 없어졌다. 인터넷과 모바일은 우리를 언제 어디서나 다른 사람과, 또는 웹의 세상에서 정보와 연결시켜주었다. 그러나 지금까지 인터넷은 인간과 인간이 연결되는 장이었다. 그리고 PC, 태블릿, 스마트폰은 인간과 인간을 단지 인터넷으로 연결시켜주는 도구였다.

　아직까지는 인터넷에 연결된 대부분의 기기는 이처럼 인간을 인터넷으로 연결시켜주는 도구다. 〈MIT 테크놀로지 리뷰MIT Technology Review〉에 따르면, 2014년까지 인터넷에 연결된 기기의 수는 약 170억 개다. 이중 80퍼센트는 PC, 태블릿, 스마트폰이고, 나머지 20퍼센트가 이들을 제

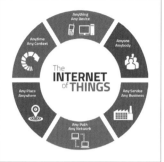

▌ 사물인터넷은 어떤 사물이든 연결이 가능하다

외한 기기라고 추정한다. 그러나 2020년이 되면 이 비율이 역전될 것이다. 업체에 따라 다르지만, 대체로 2020년이 되면 인터넷에 연결될 사물의 수가 300억 개에서 800억 개가 될 것으로 예측하고 있다. 즉, 사물인터넷이란 바로 이런 PC, 태블릿, 스마트폰을 제외한, 보다 광범위한 사물에 인터넷이 연결되는 것을 말한다. 따라서 사물인터넷 환경에서는 인간과 인간을 넘어서 인간과 사물, 또 사물과 사물이 연결되고 정보를 주고받게 되는 것이다. 우리는 사물들이 주는 정보를 받기도 하고, 때로는 사물에 명령을 내릴 수 있게 될 것이다. 또 사물과 사물들 역시 직접 정보와 명령을 주고받게 된다. 이들이 만들어내는 많은 양의 정보는 빅데이터 분야와 연관되며, 이 정보를 처리하고 판단하는 것은 인공지능 분야와 연관된다. 미래의 변화에 사물인터넷은 핵심적인 역할을 하게 될 것이다.

사물인터넷의 탄생 비밀

| 센서와 통신기술의 발달 |

    사물인터넷은 두 가지 기술의 진보에 의해 가능해졌다. 하나는 사물들이 주고받을 정보를 생산하는 센서기술이다. 쉽게 말해, 사물들이 만들어내는 정보의 가치보다 센서가 저렴하지 않다면 센서를 부착하는 것은 전혀 의미가 없을 것이다. 그러나 다행히 센서들이 저렴해졌고, 사물들은 센서와 함께 다양한 정보를 생산하게 되었다. 그리고 다른 하나가 바로 통신기술이다. 통신기술의 성숙은 간단한 통신기능을 가진 칩들을 매우 저렴한 가격으로 생산할 수 있게 만들었다. 사물들이 연결되고 정보를 주고받게 된 데는 이런 기술적 배경이 있다.

    구체적인 사물인터넷의 예를 알아보기 전에, 우선 통신이라는 것이 인간에게 어떤 의미를 가지고 있는지를 알아보자. 무선통신은 전자기파를 이용하는 기술이다. 우리는 전자기파에 정보를 실어 이를 전송하고 수신한다. 전자기파란 전기장과 자기장이 번갈아 서로를 유도하며 공간을 진행하는 파장이다. 전기장과 자기장은 전하를 움직이게 하거나 움직이는 전하에 힘을 가하는 특성을 가지고 있다.

    그러나 전자기파는 보다 근본적인 것이다. 우주를 구성하는 가장 기본적인 존재가 바로 물질과 전자기파이기 때문이다. 여기서 물질이란 원자를 구성하는 소립자들을 말한다. 한편 우주는 시간과 공간이라는 차원을 가지고 있다. 우주의 근본 원칙을 찾는 물리학은 곧 이 물질과 전자기파가 서로에 대해, 그리고 시간과 공간에 대해 어떤 관계를 가지는지를 규명하는 학문이다. 한편 이들이 시간과 공간에 어떤 관계를 가지는지를 나타내는 개념 중 하나가 바로 속도다. 물질은 공간을 점유한다. 이는 물질이 차지하는 공간을 나타내는 '위치'라는 값이 시간에 대해 크게 변하지 않는다는 것을 의미한다. 반면 전자기파는 빛의 속도를 가지고 시공간에 존재한다. 곧 물질은 상대적으로 정지해 있고, 전자기파는 움직인다.

우주의 한구석, 지구라는 특별한 행성에서 스스로 진화하는 생명체가 만들어졌다. 이 생명체는 물질로 구성되었다. 환경에 대한 정보를 매우 빠른 속도로 전달하는 전자기파를 해석하는 능력을 가지는 것이 생명체에게는 유리했으며, 그 결과 생명체는 이를 위한 기관을 가지게 되었다. 그 장기가 바로 눈이다. 눈은 대부분의 생명체가 물속에서 거주하던 때 진화한 것으로 추정되며, 이 때문에 우리는 물을 통과하는 영역인 가시광선이라는, 전체 전자기파의 대역에 비해 매우 협소한 대역만을 인식할 수 있다. 어떤 이유에서인지 생명체는 전자기파를 직접 만들어내는 능력은 진화시키지 않은 것으로 보인다. 이는 근거리의 통신, 곧 소리와 냄새만으로도 진화에 있어 충분히 유리한 고지에 설 수 있었기 때문인 것으로 추정된다. 물론 우연히 전자기파를 만들어내는 능력을 가진 돌연변이가 태어나지 않았기 때문일 수도 있다. 어쨌든 그 결과, 아주 먼 거리의 정보를 주고받는 능력은 인류가 전자기파를 발견하고 이를 통신에 사용할 수 있게 된 19세기 말까지 인류에게 주어지지 않았다.

정보를 주고받는 것, 이것이 통신의 핵심이다. 그리고 이것은 곧 물리적 세상의 거의 모든 것이 될 것이다. 영화 〈스타트렉〉의 물질전송장

치는 물질의 위치를 정보로 바꾸어 전송하는 장치다. 곧 어떤 존재는 0
과 1로 이루어진 숫자 정보와 대응된다. 오늘날 3D 프린터는 매우 초
보적인 형태로 이를 구현하고 있다. 특정 종류의 제품에 대해 이와 동
일한 형태를 가지고 동일한 기능을 가진 제품을 우리는 정보의 전송만
으로 재현할 수 있게 되었다. 물론 아직은 시작단계이며 단지 정보가
세상의 기본 요소라는 사실만은 분명히 알 수 있다. 사물인터넷은 물론
이런 정보를 주고받는 것은 아니다. 사물인터넷이 주고받는 정보는 보
다 기초적인 것들이다.

사물인터넷이 만드는 세상 1
| 물건의 위치 찾기 |

　사물인터넷에서 구체적으로 사물들은 어떤 정보를 주고받게 될까?
이는 그 사물이 무엇이냐에 따라 달라질 것이다. 사물들은 센서를 통해
정보를 생산할 수 있다. 가장 기본적인 센서의 기능은 자신의 위치를
파악하고 이를 알리는 것이다. 우리는 이 정보를 통해, 간단하게는 물
건이 어디에 있는지를 알 수 있다. 이미 배송과 물류의 혁신은 일어나
고 있다. 우리는 어제 주문한 물건이 지금 어디에 있으며 언제 도착할
지를 알 수 있다. 아직은 이런 정보가 이 물건들을 다루는 인간에 의해
기록되고 있으나, 곧 제품 또는 상자에 부착된 정보를 자동으로 읽어냄
으로써 더욱 빠르고 효율적인 물류가 가능해질 것이다.

▌정보와 오락을 함께 즐기는 애플의 인포테인먼트(infortainment)

　정리정돈, 즉 어떤 물건이 어디에 있는가를 정확히 인지하는 것은 인류가 오랫동안 고민해온 문제일 것이다. 요즘은 우리가 쉽게 잃어버리는 물건들에 센서를 부착해 스마트폰으로 이를 찾을 수 있게 만든 제품들이 온라인 상점에서 속속 판매되고 있다. 아마 책을 많이 가진 이들은 그때그때 자신이 찾는 책의 위치를 알려주는 책꽂이에 관심을 가질 것이다. 어떤 물건이 어디에 있는가는 그 응용범위가 더욱 다양하다.

　종합병원의 수술실에는 매우 다양한 의료기기가 구비되어 있다. 최근 미국의 한 종합병원에서는 수술용 장비의 위치를 실시간으로 추적하고 재배치함으로써 하루에 가능한 수술횟수를 늘렸다고 발표했다.

　자동차의 위치 역시 중요하다. 자동차들이 전송하는 정보를 통해 어느 길에 정체가 있으며 어느 길로 가야 시간을 절약할 수 있는지를 알려주는 다양한 프로그램들이 이미 등장해 있다. 이런 프로그램들이 축적하는 정보는 위치정보 이상이다. 위치정보와 시간정보가 결합될 경우 우리는 사람들의 이동 경로와 특정한 습관, 자주 방문하는 식당과 쇼핑몰에 대한 정보를 얻을 수 있다. 이는 소매점들의 확장계획에도 유용하지만 크게는 도시계획에도 활용될 수 있을 것이다.

물리적 환경에 관한 정보를 수집하는 센서들도 있다. 온도, 습도, 열, 가스, 조도, 음파와 초음파, 전자파 등을 측정하는 센서들이 다양하게 만들어지고 있다. 온도와 습도는 건물 내 실내환경을 효율적으로 제어하는 데 도움이 될 것이다. 또 사람들의 스마트폰을 이용해 실외온도와 기압 정보를 수집함으로써 보다 정확한 일기예보가 가능해졌다. 열이나 가스 등으로 인해 인간이 접근할 수 없는 환경에서도 정보 수집이 가능해져서 오늘날 최적의 석유 시추 지점을 탐사하는 데 이미 사물인터넷 기술이 활용되고 있다.

위와 같은 정보가 인간에게 전달되기 위해 별도의 처리과정을 거쳐야 한다면, 보다 종합적인 정보를 전송하는 센서도 있다. 영상과 음성을 전송하는 CCTV가 좋은 예가 될 것이다. 이런 종합적인 정보는 그자체로 인간의 해석이 가능한 반면, 다시 이런 정보를 처리하는 데는 인공지능과 관련된 기술이 필요해질 것이다. 만약 수상한 사람을 파악해 이를 알려주는 기능을 가진 CCTV가 있다면, 수십 개의 CCTV를 관찰하기 위해 필요한 사람의 수는 획기적으로 줄어들 것이다.

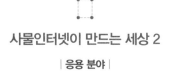

사물인터넷이 만드는 세상 2
| 응용 분야 |

지금까지 센서의 측면에서 사물인터넷 기술을 살폈다면, 이제는 사

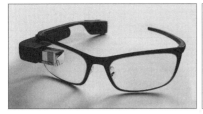 

▋구글 글래스(왼쪽)와 애플 워치(오른쪽)

물인터넷이 응용되는 분야에 따른 분류도 가능하다. 가까이는 우리 신체에 부착되는 웨어러블 장비에서부터 우리를 이동시켜주는 자동차, 인생의 절반을 보내는 집, 그리고 보다 거대한 환경인 도시와 농장, 산업에까지 사물인터넷은 우리에게 미래를 예고해주는 중요한 지표가 되고 있다.

웨어러블을 보자. 핏빗FitBit이나 조 본Jaw Bone은 손목이나 목걸이의 형태로 걸음 수와 같은 간단한 개인정보를 기록해준다. 애플이나 삼성의 손목시계 역시 같은 시장을 노리고 있다. 구글 글래스Google Glass 역시 웨어러블 장비이며 인간의 시각에 직접 정보를 출력해주는 구글 글래스의 발전 가능성은 무궁무진할 것이다. 구글은 혈당을 체크해주는 콘택트 렌즈 역시 개발하고 있다.

그러나 아직 얼리어답터들을 제외한 일반인들은 이런 시계나 손목밴드, 안경 등을 착용할 필요를 느끼지 않고 있다. 하지만 사물인터넷이 보다 일반화된다면, 웨어러블 시장의 가치는 더욱 커질 것이다. 예를 들어, 집의 현관이나 자동차의 시동장치에 사물인터넷이 연결된다면, 이런 웨어러블은 우리가 사용할 수 있는 가장 편리한 기기일 것이다. 그때가 되면 집 열쇠와 자동차 열쇠를 가지고 다닐 필요가 없을 것이다. 누군가는 손목시계를 분실했을 때를 걱정할 수 있다. 아마 개인의 맥박이 가진 특징으로 사용자를 구별할지 모른다. 물론 이런 개인식별 시장에는 이미 지문과 홍채가 존재한다. 한편 어떤 호텔들은 스마트폰으로 호텔 방문을 여는 시스템을 시도하고 있다.

사실 사물인터넷이 얼마나 큰 파급효과를 가져올지는 이 예들에서부터 추측할 수 있다. 생체정보와 자동차 운전을 어떻게 연관시킬 수 있을까? 운전은 일정 정도 이상의 집중력을 요구하는 행위다. 운전자가 피로하거나 졸리거나, 음주 상태일 때 이를 파악한 웨어러블 기기는 운전자에게 경고를 하거나 심지어 자동차를 제어하지 못하게 하는 방법으로 사고를 예방할 수 있다. 물론 이런 기술보다 더 먼저, 혹은 그 이후에 스스로 운전하는 자동차가 등장할 것이다.

자동차는 사물인터넷이 가까운 미래에 적용될 대표적인 분야다. 이미 고속도로의 통행료를 징수하는 하이패스는 사물인터넷의 한 예로 이야기될 수 있다. 자동차들이 제공하는 정보를 모아 최적의 경로를 제공하는 내비게이션 프로그램 역시 사물인터넷의 좋은 예가 된다. 그 외에 각 차량이 인터넷에 연결되면 원거리에서 차량을 제어할 수 있게 된다. 도난 방지 역시 가능함은 물론이다.

어떤 보험회사들은 차량에 부착된 위치 센서를 통해 운전자가 가진 운전습관의 위험성을 파악하고 이를 통해 보험비용을 청구한다. 이는 보험회사에게는 효율적인 비용 산정을 가능하게 해주며 운전자에게는 안전한 습관의 동기를 부여함으로써 보험이 역으로 사고를 유발하게 만드는 모럴 해저드moral hazard 현상을 제거해준다.

목적지까지 스스로 운전하는 자동차는 자동차 기술의 궁극적인 목표가 될 것이다. 이를 위해서는 모든 자동차들이 인터넷에 연결되고 이를 중앙에서 제어하는 기술이 필요하며, 또 근처의 자동차들이 서로 통신함으로써 서로를 제어하는 기술 역시 필요할 것이다. 그 전 단계로 충돌이 예상될 때 자동차 스스로 이를 회피하는 기능을 구현한다면, 인명과 재산을 보호함으로써 사회에 매우 큰 이득을 가져다줄 것이다. 물론 이런 자동화 시스템이 일으킬 오류에 대해 누가 법적인 책임을 질 것인가의 문제는 매우 중요하다. 사건의 내용에 따라 사용자, 제조회사, 보험회사 또는 규제를 마련했던 정부가 책임을 지게 될 것이다.

사물인터넷은 차량의 정보를 이용해 도로의 신호등을 적절하게 제어함으로써 도심교통을 더 효율적으로 만들 수 있다. 물론 시내버스와 고속버스를 제어하는 데도 이용될 수 있다.

사물인터넷의 확장은 전방위다
| 도시, 농장, 산업에 끼치는 영향 |

올해 구글에 32억 달러에 인수된 '네스트Nest'에 대해 언급하지 않을 수 없다. 네스트를 통해 우리는 가정에 어떤 사물인터넷 기술이 적용될지를 예측할 수 있다. 네스트는 집안의 온도를 조절한다. 이를 위해 모션 디텍터로 사용자의 움직임을 감지하고 실내온도, 습도, 광량을 측정한다. 또 인터넷을 통해 일기예보를 받아 온도조절에 참고한다. 온도를 조절하기 위해 집 안의 에어컨과 히터를 조절하는데, 이 과정에서 전기

▌네스트의 온도조절 시스템

요금을 낮춰주기 때문에 사용자에게는 네스트를 사용할 매우 큰 유인이 될 것이다. 한편 네스트는 전기 사용의 최적화를 위해 다른 가전제품을 제어할 것이다. 예를 들어, 전기가 가장 저렴할 때 세탁기와 건조기, 식기세척기를 돌리고 전기자동차를 충전함으로써 전기요금을 절약할 수 있다.

예를 들어 전기 또는 가스를 제공하는 다수의 업체가 있다고 하자. 네스트가 더 많은 가정에 설치될수록 이들의 집단적 에너지 구매력 및 최적 효율을 찾는 능력은 상승할 것이며 네스트를 설치한 가정이 얻는 이득은 증가할 것이다. 실제로 에너지 회사들은 구글과 협의해 네스트를 설치한 가정이 피크타임에 에너지 소모를 줄이도록 만들고, 그 대가로 이들 가정에 더 저렴한 가격으로 에너지를 공급한다. 한편 아파트와 같은 집단 주거형태에서는 한 가정의 실내온도가 주변 가정의 온도에 영향을 끼친다. 이는 곧 각 가정의 희망온도가 다르다 할지라도 개별적 조절보다 더 에너지 효율이 높은 조절이 가능함을 의미한다.

군이 네스트가 아니더라도 이런 가정용 또는 집단주택용 스마트홈

제품이 등장해 주민들의 에너지 비용을 줄이고, 에너지를 효율적으로 사용하는 것은 당연해 보인다. 이들은 기본적으로 에너지 회사와 협력해 에너지와 물 등의 가격을 실시간으로 바꾸고 알려줌으로써 에너지를 절약하거나 효율적으로 사용하게 할 것이다. 어쩌면 네스트의 정보를 이용해 구글이 발전소 산업에 참여할지도 모를 일이다. 구글과 핵융합 발전소는 그럴듯한 조합으로 들린다. 수요에 대한 상세한 정보를 알고 있다는 것은 곧 최적의 발전량 및 발전소와 전력선을 설치할 최적의 위치를 찾을 수 있다는 것을 의미한다.

사물인터넷은 도시와 농장, 산업에도 영향을 끼치고 있다. 스마트폰의 충격센서를 이용해 도로 가운데 꺼진 부분을 찾을 수 있다. 기상 예측을 위해 스마트폰에 장착된 센서들이 활용되고 있으며 농작물을 원격 관리하는 다양한 스마트팜 제품이 나와 있다. 대기오염의 관찰과 하천 오염도 측정, 해수량의 측정 등에도 사물인터넷 기술이 두루 적용된다.

소매점들은 고객들이 어떤 경로로 이동하며 무엇에 관심을 가지고 어떤 물건을 사는지에 대한 정보를 분석해 물건을 최적의 위치에 전시할 수 있으며, 이미 온라인에서 고객에 따라 가격을 달리하는 것처럼 오프라인에서도 다양

▌사물인터넷은 도시와 농장, 산업에 영향을 준다

한 가격정책을 실시할지 모른다. 당신이 사고 싶어 고민하는 신발이 있다고 하자. 쇼핑몰에서 그 신발을 세 번째 보러 갔을 때 마침 당신의 스마트폰에 그 신발의 10퍼센트 할인쿠폰이 뜬다면 사지 않을 수 있을까?

한편, 의료 분야 역시 사물인터넷이 빠르게 적용되는 분야다. 환자는 기본적으로 의료진의 관찰이 필요하다. 환자의 상태를 측정하고 이를 판단하기 위해서 환자가 직접 병원을 방문하지 않아도 된다면 그로 인한 사회적 비용절감은 매우 클 것이다. 체중, 혈압, 심박 등을 측정하기 위해 번번이 병원을 방문해야 하는 만성적인 환자들이 이러한 센서를 착용하면 의사와 환자의 시간을 모두 절약할 수 있으며, 문제가 생겼을 때 더 빠른 대응을 취할 수 있다.

경계해야 할 부분들
| 보안과 전파 공해 |

그러나 이런 사물인터넷 기술 분야에도 우리가 주의해야 할 것들이 있다. 가장 중요한 것은 보안이다. 사물인터넷은 본질적으로 정보를 전송한다. 특히 의료와 같은 분야의 사물인터넷은 가장 민감한 개인정보를 전송한다. 전송하는 정보가 가치 있을수록, 이를 탈취하려는 노력 역시 커질 것이다. 곧 어떤 것이 가치가 있다면, 그 가치보다 이를 훔치는 데 드는 비용이 더 크도록 만들어야 한다. 가치 있는 정보일수록 이를 지키기 위한 비용을 지불해야 한다는 의미다.

보안은 이와 같은 정보의 유출만이 아니라, 사물을 오작동 시키는 것 역시 막아야 한다. 자동운전 자동차를 통제하는 중앙 시스템이 뚫릴 경우 이는 매우 쉬운 테러의 대상이 될 것이다. 도시와 발전소가 오작동하는 것 역시 상상 이상의 피해를 입게 될 수 있다. 이런 대규모의 피해가 아니라 하더라도, 개인의 정보에 끼어드는 스팸광고 또한 개인의 시간과 주의를 훔치는 결과를 낳는다.

또 다른 주의사항은 전파공해다. 아직 전파가 인체에 어떤 영향을 끼치는지는 확실하지 않다. 휴대폰이 뇌암을 유발한다는 여러 연구가 있는 반면, 그렇지 않다는 연구 역시 다수가 존재한다. 2011년 세계 보건기구WHO는 휴대폰을 장시간, 장기적으로 사용했을 때 잠재적으로 암을 유발할 수 있다고 발표했다. 반면 미 질병관리본부CDC는 보다 조심스러운 태도를 취하고 있으며, 아직 휴대폰이 인체에 어떤 해를 끼치는지는 불확실하다는 입장이다. 전파가 낮은 수준에서는 인체에 거의 아무런 영향을 끼치지 않을 가능성도 있으며, 일정한 해를 끼침에도 불구하고 우리가 교통사고의 위험을 감수하고 자동차를 이용하는 것처럼 전파의 해를 감수해야 할 수도 있다. 적어도 전파를 사용하는 기기가 증가할수록 가정과 일터에서 전파의 적절한 노출을 강제하는 어떤 기준이 만들어질 것이다.

특이점의 시대, 사물인터넷이 만들어낼 수 있다
| 사물인터넷의 미래 |

사물인터넷의 도래를 막는 주요한 장애물 중 하나는 배터리 기술이다. 웨어러블 영역에서 배터리는 가장 중요한 제한조건 중의 하나다. 구글 글래스는 아직은 단 몇 시간 동안만 사용할 수 있다. 차량이나 가정의 전자제품과 같이 에너지 공급원이 고정되어 있는 경우 문제는 어렵지 않다. 반면 매우 적은 에너지만을 요구하는 센서들의 경우 주변 환경의 에너지를 저장해 이를 사용하는 기술들이 개발되고 있다. 이를 에너지 하비스팅energy harvesting이라고 한다. 주변의 빛, 전파, 열, 움직임 등을 흡수해 에너지로 저장할 수 있으며 컬럼비아대학교의 EnHANTs는 에너지 흡수장치를 인체에 부착해 초당 1킬로바이트를 전송할 수 있는 에너지를 흡수하는 데 성공했다.

2007년 미래학자 레이 커즈와일은 저서 《특이점이 온다The Singularity Is Near》에서 미래에 대한 혁신적인 비전을 제시했다. 그는 기술의 발전이 어느 시점에 이르게 되면 기계가 스스로를 진화시키게 될 것이고 그 속도가 인간의 속도를 앞지르는 순간 상상할 수 없는 변화가 일어날 것이라고 말했다. 그는 그 순간을 '특이점Singularities'이라고 불렀다. 그는 무어의 법칙과 다양한 기술적 발전들을 설명하며 2029년을 특이점이 일어날 시기로 꼽았다. 물론 그의 예측을 다소 낙관적으로 여기는 이들이 더 많은 것은 사실이다. 그러나 어떤 것들이 서로 연결될 때, 그것이 각각의 개별요소들의 집합으로는 설명할 수 없는 다른 새로운 성질을 가지게 되는 것은 분명하다. DNA에 대한 연구로 노벨상을 받은 프랜시스 크릭Francis Crick은 말년에 신경과학을 연구했다. 그와 함께 의식이라는 문제를 연구해온 크리스토프 코흐Christof Koch는 자신의 저서《의식: 현대과학의 최전선에서 탐구한 의식의 기원과 본질Consciousness: Confession of a Romantic Reductionist》에서 인간의 의식이 작은 기계, 곧 뉴런들의 연결에 의해 발생했을 수 있으며, 이와 같은 원리로 수십억 개의 컴퓨터가 연결된 오늘날의 인터넷 역시 의식을 가지고 있을지 모른다고 말했다. 그의 주장이 맞다면, 수백억 개의 기기들이 연결될 사물인터넷의 시대야말로 레이 커즈와일이 말한 특이점을 가능하게 할 근원이 될 것이다.

이효석

뉴스페퍼민트 대표. 1975년 진주에서 태어났다. 경남과학고를 조기 졸업하고 KAIST 물리학과에서 학사, 석사, 박사 학위를 받았다. 전자통신연구원을 거쳐 2008년부터 하버드대학교 전자과에서 무선통신 분야를 연구하고 있다. 공저한 저서로 《엑소더스 코리아》, 《하버드는 공부벌레 원하지 않는다》가 있으며 《내일의 경제》를 공역했다.

인포그래픽

데이터는 콘텐츠다
디지털 시대의 데이터 시각화

시각, 촉각, 미각, 후각, 청각. 우리는 오감(五感)을 통해 정보를 받아들이고 분석하고 판단한다. 이들 중 가장 뛰어난 감각은 무엇일까? 시각(視覺)이다. 정보처리능력 부분에서 그렇다는 것이다. 같은 시간 대비 가장 많은 정보를 처리할 수 있기 때문이다. 이러한 시각적인 정보는 매우 중요하다. 특히 머릿속의 생각을 전달할 때 그 중요성은 배가된다.

기획서를 준비한다고 가정해보자. 미심쩍어하는 상대방을 설득시키기 위한 명문(名文)과 미사여구보다는 정확한 '데이터'가 유용할 때가 있다. 특히 '시각적인 데이터'의 역할이 크다. 의미나 정보를 쉽고 설득력 있게 전달할 수 있는 그래프나 이미지는 디지털 시대의 새로운 언어로 탄생한 것이다.

이런 이유로 데이터 시각화에 대한 관심이 높아지고 있다. 그래프와 매핑(mapping, 지도에 점을 찍는 형태), 인포그래픽(Infographics) 등 복잡한 정보들을 한눈에 볼 수 있는 데이터 디자인의

시대가 열렸다. 업무뿐 아니라 트위터와 페이스북, 블로그와 카페에서도 데이터를 활용해 위트를 만들어내거나 정보를 임팩트 있게 보여주는 사례들이 많아지고 있다. 이렇게 시각화된 데이터 자원은 단순한 경제적 유용성을 넘어 사람의 마음을 이끌어내는 콘텐츠로 재탄생하고 있다. 어렵게만 느껴졌던 데이터가 대중들에게 가까이 다가갈수록 정보는 더 투명해지고, 콘텐츠는 풍부해질 것이다.

결국 이미지가 중요해진 시대가 된 것이다. 어떠한 정보나 스토리라도 이미지로 만들어 전달하면 그 효과를 배가시킬 수 있다. 인문과 예술과 과학의 융합 시대가 본격적으로 시작된 것이다.

존 스노우가 콜레라를 막았던 비결은?

| 데이터 시각화 분석법 |

최근 부산에 에볼라ebola 바이러스 발병국 사람들이 입국할지 모른다고 해서 한바탕 여론이 들썩거렸다. 에볼라와 같은 전염병은 확산속도가 기하급수적인 만큼 사람들의 공포 심리 역시 쉽게 전파된다. 인류의 등장과 함께 나타난 전염병은 전쟁만큼 세상을 변화시킬 수 있는 강한 파괴력을 가진 까닭에 현대에도 여전히 국가적으로 중요한 이슈다. 그러나 여전히 전염병 초기에 인류의 대응은 역부족인 경우가 많고, 질병의 최전선에서 의료진들은 전염병에 고스란히 노출된 채 싸우게 된다. 이런 상황에서 의료당국은 어떤 방법으로 전염병을 막아내야 할까? 질병의 확산을 막고 전염되는 원천을 최대한 신속하게 차단하는 방법은 없는 것일까?

이런 경우에 데이터를 체계적으로 수집해 시각화해보는 작업이 문제해결에 도움이 된다는 것을 처음 발견한 사람은 영국의 젊은 의사 존 스노우John Snow였다. 19세기 유럽에서 콜레라가 창궐했을 때, 그는 사망자 위치 데이터를 체계적으로 수집, 시각화해 콜레라의 발원지를 찾아내는 데 성공했다. 당시 유럽인들은 콜레라가 하수나 폐수로부터 발생하는 나쁜 공기에서 생겨난다고 믿었는데, 스노우는 이에 관해 비판적 호기심을 가졌다. 그는 직접 발품을 팔아 환자가 발생한 지역과 환자 수를 동네 지도에 꼼꼼히 표시했고, 최종 완성된 분포도를 통해 브로드 거리의 우물에 가까울수록 콜레라 환자가 많다는 경향성을 발견

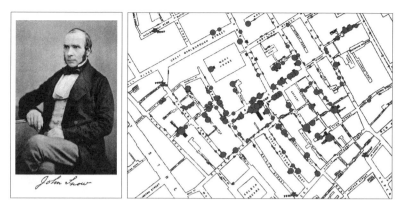

▌존 스노우(왼쪽)과 그가 그린 콜레라 지도(오른쪽)

해냈다! 환자 대부분이 이 우물의 물을 식수로 사용했다는 가설이 사실로 밝혀지자 런던 시는 해당 우물을 폐쇄했고, 그전까지 어떤 조치로도 막을 수 없었던 콜레라는 이후 더 이상 퍼지지 않았다.

이 같은 지혜가 현대에 와서 그대로 활용될 수도 있을까? 구글 이미지Google Image에서 '에볼라 지도ebola map'로 검색하거나, 네이버naver.com 뉴스에서 '에볼라 그래픽'이라는 단어를 넣어보자. 원이나 컬러 코딩이 된 지도 형태의 그림이 많이 보일 것이다. 물론 대부분의 뉴스 그래픽들은 나라별 사망자와 같은 발병 현황에 관한 내용으로, 스노우가 조사한 것처럼 사망자와 예상되는 원인을 함께 표시한 그림들은 아니다. 그러나 의료당국에서는 분명 병원균 보유자의 활동 경로를 함께 매치해 표시하고 있을 것이라고 예상할 수 있다. 스노우가 콜레라의 발원지를 찾아냈던 것처럼, 데이터를 시각화하면 에볼라 발병의 근원지에 대한 단서를 발견할 수 있을 것이다. 그래서 데이터 시각화는 현대사회를 위해서도 매우 유용하고 효과적인 분석법이라 할 수 있다.

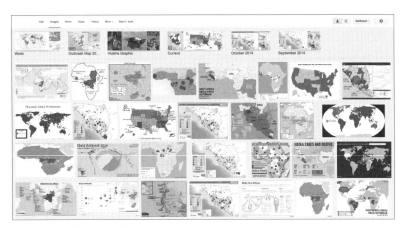

▌구글 이미지의 에볼라 지도 검색 결과

　그렇다면 종이와 펜으로 기록을 해야 했던 스노우처럼 이러한 매핑 (지도화) 방식은 지금도 한 땀 한 땀 수동적으로 이루어지고 있는 것일까? 얼마 전까지만 하더라도 군과 같이 특수한 기관에서만 전산화된 프로그램을 통해 이루어졌을 뿐, 일반기업이나 개인은 그런 툴에 쉽게 접근하기 어려웠다.

　심지어 필자가 2013년에 자문한 대기업 계열사의 경우도 ICT기업이 아니기는 했지만, 한 대리 사원이 전국 지도를 펼치고 수백 개의 자사 매장을 스티커로 하나하나 붙여 표시를 했다. 새로운 매장 위치를 선정하기 위해 그렇게 수작업으로 만든 매장 지도를 대표실에 걸어두고 있었던 것이다. 만들어진 결과 자체는 제법 유용했지만, 경영진 이외의 다른 사원이 쉽게 접근하기 어려웠고, 따라서 여러 사람에게 활용되기에도 한계가 있었다.

빅데이터 시대의 시각화

| 페이스북과 구글 그리고 BNP파리바사 |

반면 외국에서의 사례는 어떨까? 유로존에서 최대 규모의 금융서비스를 제공하는 BNP파리바사는 '타블로Tableau'라는 시각화 비즈니스 도구를 경영 의사결정에 유용하게 이용한 좋은 사례다. 우선 BNP파리바사는 현금자동입출금기ATM 신설과 관련하여 자사와 경쟁사의 ATM 설치지역을 손쉽게 파악하기 위해 이 프로그램을 활용했다. 일단 데이터가 표시되면 그 후 원하는 항목을 골라보거나 원하는 범위를 확대하는 등 인터랙션을 통해 ATM의 집중 설치지역을 확인할 수 있고, 누락된 공간도 쉽게 찾을 수 있다. 아울러 BNP파리바사는 ATM 관련 의사결정에 필요한 그 외 변수들, 예컨대 지역인구와 잠재 고객 수와 거주지, 수입, 연령, BNP 사용기록 등을 추가로 지도에 매핑했다. 이렇게 여러 변수들을 종합적으로 반영해서 ATM 설치계획에 따른 예산 및 효과를 수분 안에 계산해낼 수 있다니 얼마나 편리한가? BNP가 아니더

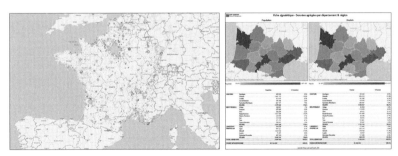

▨ BNP파라바사의 시각화도구 타블로는 다양한 형태의 시각화 도구를 지원한다.

라도 기업의 비즈니스에 필요한 데이터들을 이런 상용 시각화 비즈니스 인텔리전스 도구를 통해 수분 안에 손쉽게 시각화해볼 수 있는 시대가 도래했다. 이와 같은 시각화는 단순히 사용자가 더 쉽게 이해하고 분석하게끔 도와주는 단계에서 나아가 깔끔한 보고서용 이미지 자료가 바로 도출되게끔 하는 극도의 실용성을 갖는다. 언제 어디서든 변수 및 분석 결과 값을 지도 등 시각자료와 함께 볼 수 있다는 사실은 경영자로 하여금 의사결정을 보다 빠르고 직관적으로 할 수 있게 돕는다는 점에서 경제적으로 큰 가치가 있다.

앞서 언급한 사례가 아니어도 우리는 빅데이터의 시대에 정보시각화가 보편적인 트렌드로 자리 잡고 있음을 주변에서 쉽게 발견할 수 있다. 예컨대 구글, 페이스북, 아마존 같은 미국의 대형 IT기업들은 수억 명의 고객 데이터를 광고 집단 설정에 효과적으로 활용하여 성장한 것으로 유명하다. 이들 기업은 그 흥미로운 현황을 시각화하여 사용자들에게 보여주고 더욱 더 자신의 플랫폼에 충성적으로 만드는 기제로 활용하고 있다. 과연 어떻게 그렇게 하고 있을까?

먼저 페이스북에서 '인사이트$_{in Sight}$'라는 이름으로 제공하는 정보를 살펴보자. 페이스북에는 '페이지$_{page}$'라고 해서 특정 회사나 집단의 브랜드를 홍보채널로 활용할 수 있는 서비스가 있다. 인사이트는 이 페이지 서비스의 관리자 사용환경을 지칭한다. 그런데 바로 이 인사이트라는 탭을 눌러 들어가보면 해당 페이지를 '좋아요' 한 사람들의 숫자가 최근 어떻게 변했는지, 페이지 팬층의 연령대는 페이스북 이용자 평균 대비 어떻게 구성되는지, 우리가 올린 게시물이 광고와 관계 중 어느 쪽으로 더 많이 퍼져 나가는지를 그림과 함께 한눈에 살펴볼 수 있도록

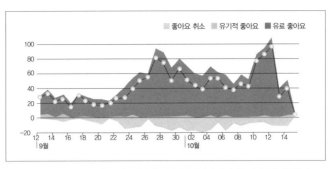

■ 페이스북 페이지 관리자 사용환경 '인사이트'. 페이지와 관련된 데이터를 시각화해 제공한다.

도와준다. 더욱이 조작도 매우 쉬워서, 클릭과 드래깅만으로 보고 싶은 기간을 조절할 수 있고 세부 정보를 선택할 수도 있다. 이러한 그래프는 그대로 캡처하여 상사에게 전달할 보고서에 삽입할 수 있으므로 업무용 근거자료로써 활용하기에 손색이 없다.

구글도 마찬가지다. 전 세계 웹 검색의 1인자인 구글은 '구글 애널리틱스Google Anayltics'라는 웹페이지 분석 툴을 제공한다. 일정한 프로그램 코드를 자신의 홈페이지에 심으면 운영관리 현황을 한눈에 볼 수 있는 서비스인데, 이 과정에서 역시 시각화 기법을 적극 활용한다. 예를 들어 다음 페이지에 나오는 그림과 같은 화면에서는 메뉴들 간에 사람들의 유입과 이탈이 일어나는 양적 지표와 흐름을 한 판에 정리해 보여준다. 이중 연두 색으로 표현된 부분이 이탈율이다. 대중들과 소통을 하기 위해 만든 웹페이지에서 무엇이 인기 있고 어떤 요인이 방문자를 오래 체류하게끔 유인하는지를 한눈에 볼 수 있는데, 구글은 이 과정에서 단순한 그래프를 벗어나 순차적인 흐름을 표현하는 최신 시각화 방식을 효과적으로 차용하였다.

페이스북이나 구글과 같은 세계적인 IT기업들이 데이터 시각화를

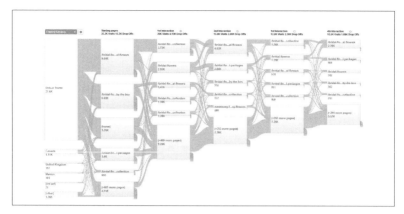

활발하게 사용하는 반면, 국내 기업들 사이에서 데이터를 효과적인 경영 인사이트로 혹은 자체 서비스로 활용하는 곳은 아직 소수에 불과하다. 2014년 빅데이터 관련 국내 기사는 약 2만 6,000건에 달하는 데 그중엔 우리나라 빅데이터 활용 수준이 외국 기업들에 비해 2.5년 늦다는 조사 내용이 포함되어 있다. 또한 설문 결과, 81.6퍼센트의 국내 기업이 빅데이터를 경영에 활용하지 않고 있으며 어디에 활용해야 할지를 결정하기도 어려워하는 것으로 나타났다.

그러나 IT강국이라 자칭하는 우리 한국사회는 하루에 생성되는 트윗 수가 1,000만 건, 블로그 포스트는 30만 건에 이르는 등 이미 빅데이터의 사회다. 이는 2년마다 두 배씩 증가하고 있고 데이터의 양은 향후 웨어러블, 사물인터넷 등 디지털기술의 발달로 더욱 빠르게 증가할 것으로 예상된다. 이런 무수한 양의 데이터가 발생하는 현대사회에서 보다 앞서 나가고 새로운 가치를 창출하기 위해서는 통계분석, 데이터마이닝 등 다양한 접근법이 필요하겠지만, 위와 같은 사례들을 본다면 시각화 능력이 개인과 조직의 가치를 높여주는 무엇보다 강력한 핵심 역량이 될 것임을 어렵지 않게 깨달을 수 있다.

인간은 시각에 가장 먼저 반응한다

| 뇌과학이 알려주는 시각화 |

시각화가 의미 있는 이유를 뇌과학적으로 살펴보자. "백 번 듣는 것보다 한 번 보는 게 낫다"는 속담도 있듯이, 인간이 가진 오감 중에서 시각은 대역폭이 가장 넓다. 쉽게 말하면, 같은 시간 대비 가장 많은 정보를 받을 수 있다는 의미다. fMRI(뇌 자기공명영상촬영)로 뇌의 활동량을 측정해보면 이러한 사실을 쉽게 확인할 수 있는데, 인간은 시각적으로 정보를 처리하는 능력이 가장 뛰어나고 고도로 훈련되어 있어서, 만일 주변에 인지활동에 관한 시각적 도원이 사라질 경우 추상적인 상황을 타개하고자 뇌 활동이 상당히 활발해진다. 예를 들어 사람들에게 암산을 하라고 지시하면 머릿속에 도화지를 그리고, 숫자를 머릿속에 '그려 가면서' 계산을 하게 된다. 이미 시각화로 익숙해진 계산법을 단지 머릿속으로 재현하려는 시도인 것이다. 프랑스의 유명한 시각화 전문가 자크 베르탱Jacques Bertin은 이 같은 과정을 가리켜 시각화가 기억력을 인공적으로 배가시킬 뿐 아니라 새로운 발견을 하는 데도 좋은 도구가 된다고 말한 바 있다. 이렇게 시각화는 데이터를 이해하는 속도를 향상시키기도 하고, 기억하는 측면에서도 각인 및 지속효과가 훨씬 크다.

더욱이 인터랙티브한 UX환경에서는 시각화가 더욱 빛을 발한다. 빅데이터를 탐색하는 과정은 무한한 자원 속에서 의미 있는 인사이트를 찾아 나가는 탐정 활동에 비유할 수 있는데, 탐정은 범죄현장에서 용의자를 발견하기 위한 지문이나 증거를 우선적으로 찾는다. 가장 먼저 유력한 증거가 발견될 것으로 기대되는 물건들을 조사하고, 그래도 증거가 충분히 확보되지 않을 경우 모든 물건들을 하나하나 조사한다. 이처럼 데이터 전문가도 수집되어 있는 원 데이터더미 속에서 본인의 경험과 각종 기법을 동원해 의미 있는 발견을 하기 위해 노력한다.

그런데 데이터에서의 의미를 찾는 과정이 매 단계 시각화되는 경우와 되지 않는 경우를 비교해서 생각해보자. 분명 내가 어떤 데이터의 일부를 선택했을 때 그 경향성이 즉각 그래프나 지도의 형태로 눈앞에 나타난다면, 숫자 표나 통계요약만으로 놓여 있을 때보다 다음 전략을 짜는 데 훨씬 편리하고 효과적일 것이다. 한 연구자는 이것이 단순히 시간절약 이상의 의미를 가진다는 것을 발견했는데, 사람들이 원 데이터에서 그 패턴 및 인사이트를 표현하기까지의 시간이 길면 길수록 매몰비용에 대한 아쉬움 때문에 좀 더 옳지 않은 결론에 집착하게 되어 시간을 낭비하게 된다는 심리적 비용도 존재한다고 결론지었다.[1]

이런 점에서 데이터를 다루는 디지털화된 인터액티브 도구가 좀 더 진화했다는 것은 데이터를 다루는 환경과 분석 결과가 좀 더 시각화되어 있음을 의미한다고도 볼 수 있다. 컴퓨터가 빠르게 분석한 결과를 인간이 곧바로 인지해 다음 단계를 신속히 결정할 수 있다면, 100퍼센트 컴퓨터 알고리즘에만 의존하거나 100퍼센트 인간 본연의 숫자해석 능력에 의존하는 것보다 매 순간 훨씬 유연하게 대응할 수 있기 때문이다. 이렇게 컴퓨터능력의 현재 상태에 더불어 인간이 컴퓨터보다 우수한 능력을 자유자재로 바꾸어 활용하게 하면 더 높은 성과를 거둘 수 있다는 것은 체스게임 대회에서 증명된 바가 있다. 한때 가장 실력이 뛰어난 인간 체스 플레이어가 순수인공지능을 가진 체스 플레이어에게 패한 적이 있었는데, 인간이 인공지능을 보조도구로 사용하는 하이브리드 모델을 취하자 순수인공지능에게 승리하였다. 이런 이유로 '고급체스Advanced Chess'라는 새로운 스포츠까지 생겨났다. 이처럼 시각화도 데이터더미의 인사이트를 파악하는 측면에서 인간이 분석의 결과를 좀 더 직관적으로 파악하게 함으로써 기존의 분석법보다 높은 성과를 내도록 도와줄 것으로 기대를 모으고 있다.

종합해보면 시각화를 통한 데이터 분석은 사람의 공간지각능력을 활용하여, 대량의 데이터를 분석하는 데 불완전한 자동 알고리즘에 의존하지 않고, 경험으로 쌓인 도메인 지식이나 인간의 고도로 발달된 시각적인 직관을 활용할 수 있다는 점에서 디지털 시대에 최적화된 경쟁력을 제공한다고 할 수 있다. 2011년 MIT 슬론 경영대학원 보고서에 게재된 〈빅데이터, 분석, 그리고 인사이트에서 가치를 끌어내는 길〉[2]이라는 글에 따르면 2년 내로 기업에서 가장 필요한 능력으로 데이터 시각화를 꼽았다. 전통적으로 기업에서 비즈니스 도구로 선호해왔던 과거분석이나 미래예측 능력, 표준화된 보고능력은 이제 우선순위가 가장 낮은 것으로 예측되었다. 그 후 3년이 지난 지금 미국 구인구직 사이트 인디드Indeed에 따르면 '데이터 시각화 엔지니어Data Visualization Engineer의 연봉이 1억 3,000만 원 수준이라고 하니 현재의 트렌드도 이와 크게 다르지 않게 진행되고 있다고 볼 수 있다.

스토리텔링적 가치가 높은 정보 시각화, 인포그래픽

| 인포그래픽과 데이터 시각화의 차이 |

최근 정보 시각화는 '인포그래픽'이라는 이름으로 기업뿐 아니라 대중에게도 큰 호응을 받고 있다. 이 역시 늘어나는 데이터와 쉬워지는 시각화 환경 덕에 발생하는 하나의 현상이라고 할 수 있다. 최근 2년간 정부기관, 대기업 그리고 각종 언론사에서는 인포그래픽이라는 홈페이

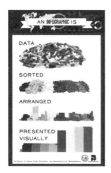

■ 인포그래픽을 설명한 인포그래픽. 블럭 개념에 비유했다.

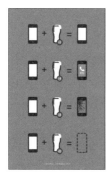

■ 음주량이 스마트폰에 미치는 영향을 표현한 인포그래픽

지 메뉴를 신설하거나, 소셜미디어상에 특별 제작한 케이스를 게재하는 개수가 증가해왔다. 그렇다면 인포그래픽은 무엇이며, 이제까지 살펴본 데이터 시각화와는 어떻게 다른 것일까?

인포그래픽은 '복잡한 정보를 빠르고 정확하게 표현하기 위해 정보, 데이터, 지식을 그래픽 형태로 시각화하는 것'이라고 위키피디아는 정의한다. 따라서 인포그래픽은 데이터보다는 좀 더 광범위한 형태의 자료를 포괄할 수 있다.

인포그래픽의 개념은 데이터 시각화의 차이를 통해 이해하면 좀 더 명확하게 이해할 수 있다. 전통적인 시각화 기법들을 인포그래픽에서 모두 찾아볼 수 있다는 점에서 두 시각화의 큰 뿌리는 같다. 그러나 정보 시각화의 경우 추상적인 데이터를 시각화 하여 데이터의 특성이나

인사이트를 알아내기 위한 분석적 목적을 띄는 경우가 많다. 하지만 인포그래픽의 경우 이미 이러한 작업을 통해 찾아낸 인사이트를 스토리텔링과 내러티브 기법을 활용하여 효과적으로 전달하는 목적이 조금 더 주되다고도 말할 수 있다.

이 두 가지 시각화 방식은 목적의 차이로 인해 몇 가지 다른 특성을 갖는다. 우선 정보 시각화는 데이터를 여러 가지 시각화로 동시에 표현하고 시각화 차트들 간의 연계를 통해 방대한 데이터의 분석과 연관적 이해를 용이하도록 돕는다. 정보 시각화는 분석적인 목적에 집중하기 때문에 각 시각화에 정확성을 요구하며, 시각적인 착각을 통해 오해할 수 있는 차트는 피하거나 보완적인 방법을 사용해 오차를 줄이게 된다.

이에 반해 인포그래픽은 이미 발견된 인사이트나 스토리가 존재하는 데이터를 보다 쉽게 전달하기 위한 목적에 초점이 맞춰져 있다. 따라서 반드시 정확도만을 추구하기보다는 소통의 목적에 따라 원하는 부분을 확대 혹은 축소해 차트나 그래픽을 디자인하는 경우도 종종 있다. 또한 전체적인 스토리텔링의 흐름을 제어하기 위해 시선의 이동이

정보 시각화 소프트웨어인 '쿼드리그램(Quadrigram)'의 그래프 종류 소개 이미지

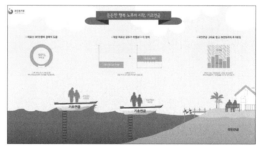

뉴로어소시에이츠에서 제작한 보건복지부 기초연금 인포그래픽

나 그림의 사이즈 등을 조절하는 작업이 관건이 된다. 이때 물론 심미적인 디자인을 강화하여 보는 이에게 즐거움을 선사해주는 것도 중요하게 여겨진다. 이렇듯 시각화는 그 목적에 따라 크게 두 가지 분류를 생각해볼 수 있으며, 본인의 목적을 명확히 하여 잘못된 시각화를 선택하는 일을 피하는 것이 중요하다.

　이렇게 인포그래픽과 데이터 시각화는 약간의 개념적 차이가 있지만, 중요한 공통점은 두 가지 모두 데이터라는 자원이 많아질수록 더욱 더 다양해지고 풍부해질 콘텐츠라는 점이다. 이런 점에서 최근 서울시의 서울통계 사이트_{stat.seoul.go.kr} 열린 데이터 광장_{data.seoul.go.kr}, 혹은 정부 3.0 웹페이지 등에서 데이터가 인사이트, 스토리로 가공되기 이전의 상태로서도 공개, 공유된다는 사실은 흥미롭다. 이미 그곳에서도 나름대로 훌륭한 시각화를 진행시키고 있지만, 누구든지 원 데이터를 내려받아 다시 각자의 목적에 따라 새로운 콘텐츠로 재생산할 수 있다. 이와 같이 대중을 상대로 보다 투명한 소통이 중요시되는 사회가 되면 될수록 데이터 시각화도 인포그래픽의 목적처럼 보다 소통적인 측면이 강조되며 발전해 나갈 가능성을 보여준다고 할 수 있다. 아울러 인포그래픽도 보다 객관적이고 메타적인 인사이트를 제공하는 한층 높은 차원의 디자인 작품이 될 잠재력을 갖게 된다.

데이터 디자이너를 주목하라

| 새로운 콘텐츠의 미래 |

혹시 데이터의 시각화에 대해서 이번에 처음 접했거나 그 중요성에 관해서 이전에는 그다지 실감할 수 없었다면 그것은 독자 개인의 잘못이 아니다. 아직까지 데이터 시각화가 기업만의 이슈로 여겨지거나, 전문가 집단 위주의 도전과제로 인식되는 이유는 데이터라는 자원이 모두에게 평등하고 또 쉽게 공유되고 있지 못하는 환경 탓이 크다. 그렇다면 만약 개인에게 좀 더 많은 데이터가 주어졌을 때 시각화를 통해 이득을 얻는 경우가 있을까? 분명히 있다. 이미 이 책을 읽는 독자 중 상당수는 하루의 운동패턴을 시각적으로 한눈에 제시하는 최신 어플을 사용하고 있을지도 모른다. 또한 가계부를 정리할 때도 시각화를 잘 지원하는 가계부 프로그램을 활용하면, 가계 상황을 빠르게 판단하여 낭비되는 돈을 파악할 수 있다. 그 외에 어떤 정치적 이슈에 대해 많은 사람들에게 자신의 의견을 개진하고자 할 때, 데이터를 활용하면 더 설득력을 얻을 수 있다. 이렇게 시각화는 정부와 기업뿐 아니라 개인에게도 유용한 부분들이 많기 때문에 더 많은 사람들이 이 개념을 활용하고 공유하는 시대가 곧 올 것이라 생각한다.

마침 참으로 다행스러운 것은 개인이 사용하기 쉬운 시각화 도구가 속속 나오고 있다는 점이다. 앞에서 설명한 타블로나 스팟파이어Spotfire와 같은 비즈니스 인텔리전트 상용 프로그램부터 간단하게 인터랙티브 인포그래픽을 만들 수 있는 인포그램Infogram, 픽토차트Picktochart와 같은

▮ 타블로

▮ 데이터미어

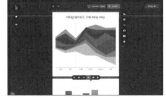
▮ 인포그램

▮ 인포액티브

서비스도 있다. 조금 더 우아하고 동적인 데이터 시각화에 욕심이 난다면, D3.js와 같은 프로그래밍 언어 라이브러리에 대한 책들을 구해 공부해보는 것도 좋다. 그러나 이러한 툴들을 이해하는 가장 큰 보람은 우리가 데이터를 만지고 시각화함으로써 새로운 가치를 만들어내는 능동적인 개인이 된다는 데 있다. 이렇게 개개인이 만든 의미 있는 데이터와 시각화 작품이 모여 사회적인 흐름과 집단지성으로 발전될 수 있다.

이런 데이터의 최종 활용도를 시각적으로 염두에 두고 시작하는 데이터베이스의 기획과 구축부터 최종 시각화까지 일련의 과정을 관장하고 운용할 수 있는 사람들을 필자는 '데이터 디자이너'라고 부르고 싶다. 데이터 디자인이란 사람들이 데이터 경험의 중요성과 가치를 이해하고, 개인이 의미를 전달하기 위해 시각화하는 것을 말한다. 보다 대중 지향적이고 소통의 목적에서 데이터를 시각적으로 전달할 때 증가하는 데이터 자원은 단순한 경제적 유용성을 넘어 사람의 마음을 이끌어내는 콘텐츠로 재탄생할 것이다. 그런 콘텐츠가 많은 세상은 데이터에 갇히고 압도당하는 시대가 아닌 데이터를 투명하고 재미있게 즐기는 흥미진진한 미래다.

김윤이

뉴로어소시에이츠 대표. KAIST에서 뇌공학 및 응용수학을 전공하고, 하버드 케네디 스쿨에서 공공정책학 석사학위를 받았다. 외교통상부, OMNICOM 계열 컨설팅 회사를 거쳐 현재 데이터시각화, 인지과학 등에 특화된 뉴로어소시에이츠사를 설립하였다. 'We help your evolution'이라는 미션을 바탕으로 현재까지 금호, 중앙, SK, 보건복지부, 미래창조과학부, 검찰 서울연구원, 서울크리에이티브랩, 인컴PR재단 등 20여 기관에 미래 비즈니스 전략 컨설팅 서

비스를 제공하고 있으며, 문화체육관광부 자문위원, 한국도로공사 주최 데이터공모전 심사위원 등을 역임하고, 법률 분야 베스트셀러 《법률영어핸드북》의 저자이기도 하다. 아울러 뉴로는 실시간 인포그래픽, 모바일 인포그래픽, News Map, Medium Map 등 혁신 아이디어와 새로운 비즈니스 모델의 산실로 주목받고 있다.

경제

사회적 경제가 만드는 세상

사회적 경제와 사회적 기업

서점에서는 볼 수 없지만 지하철역 근처에서는 쉽게 만날 수 있는 잡지 〈빅이슈(big issue)〉. 1991년 영국에서 처음으로 나왔고 우리나라에는 2010년에 창간된 사회적 기업의 잡지다. 경제적 어려움으로 인해 주거 취약계층이 된 노숙인들의 빈곤문제를 잡지 판매를 통해 해결하기 위한 비즈니스 모델이기도 하다. 그래서 다양한 분야의 재능 기부자들의 참여로 만들어지며, 판매 수익금의 50퍼센트는 판매자인 노숙인들에게 돌아간다.

〈빅이슈〉뿐만이 아니다. 시장경제에서 소화하지 못하는 많은 일들이 사회적 기업을 통해서 해결되고 있다. 효율성과 이익 극대화의 경제 그물망에서 누락되고 버려지는 가치들이 사회적 경제라는 틀에서 새롭게 태어나고 있는 것이다.

한국은 2007년에 사회적 기업 관련 법령이 시행되었다. 이때 2,539명에 불과한 사회적 기업 총종사자 수는 6년 만인 2013년에는 2만 1574명으로 늘어 10배 가까운 성장을 거듭하고 있다. 또

한 2007년 55개였던 정부 인증 사회적 기업은 2014년 9월까지 1,165개로 늘어났다.

2015년은 사회적 경제의 틀 안에서 사회적 기업, 마을기업, 협동조합 등 공공의 이익과 가치를 추구하는 기업들이 더욱 확산될 전망이다. 공공의 가치 즉, 인간 삶의 질적 향상을 꿈꾸는 사회적 경제의 의미를 살펴보자. 나아가 이를 확산하기 위한 제도 개선과 지원 방향도 탐색한다.

그들만의 리그
| 사회적 경제와 사회적 기업 |

　몇 년 전부터 국내외 정치, 경제, 사회적 환경의 변화와 맞물려 '사회적 경제'와 '사회적 기업Social Enterprise'이라는 단어가 주목받고 있다. 마치 90년대 말과 2000년대 초를 휩쓸던 벤처 열풍을 재현하듯 정부는 많은 정책과 자금 지원을 쏟아붓고 있고, 젊은이들(물론 직장인과 은퇴자도)은 너도나도 창업에 뛰어들고 있다. 결론부터 이야기하자면 2015년에도 지금과 같은 열풍은 지속될 것이지만, 이런 사회현상이 우리 사회와 개개인의 삶에 얼마만큼 긍정적 기여를 할지는 미지수다.

　이유는 간단하다. 작금의 정치, 경제, 사회적 상황은 경제민주화, 청년실업, 보편적 복지, 세계 금융위기, 빈부격차 확대 등이 만연한 정부와 정치권에서 '사회적 경제'와 '사회적 기업'이 이런 어려운 문제를 해결해줄 일종의 만병통치약인 양 포장하면서 약효가 과장되어 오남용되고 있기 때문이다. 덧붙여 현실적으로도 사회적 경제를 받아들이고 싹 틔울 토양이 아직 마련되지 않았다는 점 역시 부정적인 변수다.

　이런 의미에서 사회적 경제와 사회적 기업은 아직은 그들만의 리그에 불과하고, 찻잔 속의 작은 소용돌이라고 생각된다. 하지만 관련 업계 종사자와 학자들에게는 사회적 경제와 사회적 기업이 워낙 핫이슈이면서 뜨거운 감자이기 때문에 이미 어느 정도의 문제의식에 대한 공감대는 형성되어 있다. 그리고 그 해결책을 찾기 위한 노력도 점차 확대되고 있다.

▌협동조합 활성화 대책을 발표하는 박원순 서울시장

　반면 사회적 경제와 사회적 기업이라는 용어의 구별조차 쉽지 않은 대부분의 사람들에게는 이런 논의 자체가 공허하다. 개념을 이해하기도 어려운 데다 세금이나 포괄적 복지문제 등과 달리 내 삶에 직접적으로 끼치는 영향도 미미하다고 생각하기 때문일 것이다. 하지만 다른 시각으로 본다면 실상은 전혀 다르다.

　사회적 기업을 위한 공공구매 예산 약 1조 원을 비롯해 수많은 세금이 사회적 경제 활성화에 투입되고, 고용노동부는 수많은 지원과 협력 사업을 통해 2017년도까지 3,000개의 사회적 기업을 육성하겠다고 발표했다. 이와 별도로 정부는 마을기업 육성사업, 협동조합 기본법, 사회적 경제 기본법(안) 등을 통해 전방위적 지원을 계획 및 제공하고 있다.

　현재 경제활동을 하고 있거나, 앞으로 경제활동에 참여하게 될 모든 사람들에게 '사회적'이라는 단어는 이제 '경제적'일 수밖에 없다. 사회적 경제 영역을 이해하지 못하면 그만큼의 경제적 기회가 상실되기 때문이다.

그럼 우선 사회적 경제라는 우물의 밖에 살고 있는 많은 독자들을 위해 여러 번 언급되고 있는 몇 가지 용어를 간단히 정리하고 시작하는 것이 좋겠다. 사회적 경제, 사회적 기업, 협동조합, 마을기업, 소셜벤처 등이 그것이다.

사회적 경제란 무엇인가?
│ 사회적 기업, 마을기업, 협동조합 등 │

서울시 사회적경제 지원센터는 '사회적 경제'에 대해 "자본주의 시장경제가 발전하면서 나타난 불평등과 빈부격차, 환경파괴 등 다양한 사회문제에 대한 대안으로 등장했습니다. 이윤의 극대화가 최고의 가치인 시장경제와 달리 사람의 가치를 우위에 두는 경제활동입니다"라고 정의하고 있다. 그리고 "우리나라의 사회적 경제는 2007년 사회적 기업 육성법 제정, 2010년 마을기업 육성사업 시작, 2012년 협동조합 기본법 제정 등 정책 사업을 통해 제도적 환경이 마련되었고, 2011년 서울시를 중심으로 일자리 창출과 지역사회 문제 해결에 혁신적 해법의 마련이 가능한 사회적 경제 활성화라는 보다 진화된 정책 목표를 수립하고 실행해 나가고 있습니다"라고 부연 설명하고 있다.

이 같은 정의를 빌어 좀 쉽게 설명해본다면 사회적 경제는 다른 단어를 포괄하는 상위 개념이라 할 수 있다. 그리고 사회적 경제를 실현하는 조직 형태로 사회적 기업, 마을기업, 협동조합 등이 존재한다고 이해하면 쉬울 것 같다. 소셜 벤처 역시 사회적 경제의 구성 요소이지만, 앞의 세 조직 형태와는 차원이 다르다.

한국사회적기업진흥원은 소셜 벤처에 대해 "사회문제에 대해 창의적이고 효과적인 솔루션을 갖고 있는 사회적 기업가가 지속 가능한 사회적 목적 달성을 위해 설립한 기업 또는 조직"이라고 위키피디아를 인용해 정의하고 있다. 즉, 혁신성이라는 키워드를 가지고 어려운 사회문제 해결에 도전한다면 조직의 형태와 상관없이 소셜 벤처라 할 수 있다. 예를 들면 '딜라이트'라는 보청기 제조업체가 있다. 2010년 당시 가톨릭대학교 학생이었던 한국의 대표적 사회적 기업가 김정현 씨가 만든 기업인데, 표준화 등 혁신적 공정을 통해 제작 원가를 낮춰 정부 보조금인 30만 원 정도에 살 수 있는 보청기를 출시했다. 이전에는 기존 보청기 업체의 제품 가격대가 100만 원을 웃돌았기 때문에 저소득층 노인들에게 보청기 구입은 거의 불가능했다. 하지만 딜라이트 덕분에 저소득 노인들도 보조금으로 보청기를 충분히 구매할 수 있게 되었다.

그럼 딜라이트는 사회적 기업일까? 정답은 당연히 '그렇다'이지만

▌딜라이트 보청기(왼쪽)와 공유주택 서비스 우주(오른쪽)

대한민국에서는 '아니다'. 우리나라는 사회적 기업 인증제를 도입해서 운영하고 있는데 이 회사는 인증을 받지 않아 소셜 벤처로만 불리고 있다. 실제로 '사회적 기업'이라는 단어를 회사 홍보에 사용했다가 경쟁사로부터 고발을 당하기도 했다. 과연 사회적 기업이라는 용어의 사용 자체를 정부가 관리하는 것이 사회적 비용 측면에서 효율적인지 다시 생각을 해보았으면 한다. 현재 김정현 씨는 대학생의 주거문제 해결을 위해 또 하나의 소셜 벤처인 공유주택 서비스 제공기업 '우주'를 창업해 수많은 지방 출신 학생들에게 양질의 주거공간을 제공하고 있다.

마을기업은 사회적 기업처럼 중앙정부 차원에서 인증제를 도입했지만, 단어 사용에는 별도의 제한이 없다. 협동조합은 신고제로 운영되어 일정한 자격만 갖추면 누구나 설립할 수 있다. 한편, '소셜 벤처'라는 명칭은 누구나 사용할 수 있다. 너무나 완벽하게 법적 지위에 대한 통일성이 없는 것이 정부가 주도하는 대한민국 사회적 경제의 현실이다.

사회적 기업의 가치, 어떻게 볼 것인가?
| 사회적 기업의 다양한 의미 |

사회적 기업에 대한 정의는 국가와 단체별로 조금씩 다르다. 이는 사회적 기업이 그만큼 새로운 개념이면서 빠르게 변화하는 분야라는 것을 반증한다. 그리고 각 국가와 지역별로 탄생 및 발전 배경이 다르기 때문이기도 하다. 하지만 비판적 잣대를 들이대자면 이 모든 것이 이해관계

때문인데, 단어 자체가 '귀에 걸면 귀걸이, 코에 걸면 코걸이' 식으로 사용되고 있고, 연구와 현실 사이의 괴리 때문일 수도 있다.

우선 한국사회적기업진흥원(이하 진흥원)의 정의를 살펴보자. 진흥원은 고용노동부에서 사회적 기업의 육성 및 진흥에 관한 업무를 효율적으로 수행하기 위해 설립한 정부 기관이다. 진흥원은 "사회적 기업이란 영리기업과 비영리기업의 중간 형태로, 사회적 목적을 우선적으로 추구하면서 재화·서비스의 생산·판매 등 영업활동을 수행하는 기업(조직)"이라고 정의하고 있다. 사회적 기업 육성법 역시 "사회적 기업이란 취약계층에게 사회서비스 또는 일자리를 제공하거나 지역사회에 공헌함으로써 지역주민의 삶의 질을 높이는 등의 사회적 목적을 추구하면서 재화 및 서비스의 생산·판매 등 영업활동을 하는 기업으로 (…) 인증 받은 자를 말한다(제2조)"고 비슷한 정의를 내리고 있다.

한국에서는 정부가 중심이 되어 사회적 기업에 대한 역할과 정의에 정책적으로 접근하기 때문에 일자리 제공, 영업활동, 기업이라는 단어가 뼈대를 이룬다. 그리고 이 골격에 맞추어 지난 몇 년 동안 사회적 기업과 사회적 경제 생태계는 인공적으로 조성되어왔다.

그럼 글머리에도 언급했듯이 과연 사회적 기업에 대한 이러한 정의와 정부 주도형의 인위적 육성이 적절한 것일까? 더 나아가 2015년과 그 이후에도 당분간 지속될 이런 움직임이 과연 우리 사회에 장기적으로 도움이 될까? 이 두 가지 질문에 대한 해답의 단서를 계속 찾아가 보자.

이를 위해 소셜 앙터프리너십Social Entreprenurship(사회적 기업가 정신)이라는 분야를 개척하고 선도하는 기관으로 평가받는 아쇼카Ashoka와 국제기구인 경제협력개발기구OECD가 생각하는 사회적 기업의 개념을 함께 살펴본다.

아쇼카란? 아쇼카는 기원전 3세기, 인도 최초로 통일 제국을 건설하고 경제와 문화를 번영시킨 왕의 이름이다. 국제적 NPO(비영리 민간단체)인 아쇼카는 아쇼카 왕이 인도를 번영시킨 것처럼 세상을 변혁시킬 혁신가들을 육성하자는 취지에서 설립됐다.

▌아쇼카

우선 아쇼카를 모르는 분들을 위해 간단히 단체 소개를 하자면 다음과 같다. 아쇼카는 사회적 기업가와 그런 가능성을 가진 인재—자체적으로는 '체인지 메이커Change Maker'라는 용어를 사용—를 육성, 발굴하고 네트워킹을 통해 그들의 성공을 돕는 사회적 경제 분야에서 가장 영향력 있고 혁신적인 비영리단체 중 한 곳이다. 이 아쇼카가 과연 사회적 기업인지 아닌지도 뒤에서 생각해보겠다.

아쇼카는 사회적 기업보다는 사회적 기업가Social Enterpreneur와 사회적 기업가 정신에 주목한다. 그렇기 때문에 사회문제에 관심을 가진 변화의 주역들이 사회적 기업가로 성장하는 과정을 중요시하고, 그 과정에서 당연히 수반되는 혁신적인 노력과 그에 따른 결과물로 사회적 기업가와 사회적 기업의 가치를 판단한다.

그렇기 때문에 영리 활동과 전혀 관계가 없는 비영리 활동가들도 아쇼카 펠로우fellow로 선정하고 있다. 지난해부터 아쇼카 펠로우를 선발한 한국에서도 사단법인 제주올레 서명숙 이사장, 청소년폭력예방재단 김종기 창립자, 세상을 품은 아이들 명성진 목사, 공감인 정혜신 박사 등 한국식 사회적 기업의 정의에서는 한발 비껴나 있는 사회적 혁신가들을 펠로우로 선정했다.

아쇼카에서 말하는 뛰어난 소셜 앙터프리너들, 즉 아쇼카 펠로우들은 사회 전 분야에 상관없이 해당 분야의 시스템을 바꾸고 판도를 바꾸는 새로운 해결책을 제시하는 사람들이다. 전통적인 방법이 아닌, 영역의 경계를 넘나드는 혁신적인 방법으로 사회문제를 해결하는 개인에 주목하기 때문에 수익 모델의 유무가 아쇼카 펠로우 선정에 큰 영향을 주지는 않는다. 이들은 본인이 낸 아이디어의 임팩트를 가장 극대화시킬 수 있는 조직의 형태―그것이 NGO이든, 사회적 기업이든, 전혀 새로운 형태의 것이든―를 취하고, 본인의 비전이 사회 전체의 새로운 규범으로 자리 잡을 때까지 전략적으로 움직인다. 따라서 혁신적인 솔루션 제시를 위해 인적·금전적 자원을 어떻게 잘 운용하는지 resource mobilization, 어떤 파트너들과 함께 일하는지를 중요하게 생각하고, 아쇼카에서는 이런 사람들을 사회혁신 기업가라고 지칭한다.

사회적 기업들과 함께 만드는 대안경제 미디어를 표방하는 '이로운넷'에 따르면 OECD 역시 우리나라보다는 아쇼카에 더 가깝게 사회적 기업과 사회적 경제를 바라본다. OECD는 사회적 기업을 "공공 이해를 위해 수행되고, 이윤 극대화가 아니라 특정한 사회적·경제적 목표 달성을 목적으로 하는 기업가 전략으로 조직되어, 사회적 배제와 실업과 같은 문제에 혁신적인 해결책을 제시하는 역량을 가진 사적 활동"이라고 정의한다.

우리 정부는 일반 기업들의 핵심 가치인 고용과 지속 가능성을 사회적 기업에도 동일한 잣대로 들이대지만 OECD나 아쇼카는 혁신과 사람, 기업가 정신에 더 주목하기 때문에 이런 차이가 발생한다고 생각한다. 그리고 이런 기본가치에 대한 차이는 장기적으로 사회적 기업 및 사회적 경제 생태계 형성 및 활성화라는

▌ 아쇼카 펠로우 명성진 목사(왼쪽)와 정혜신 박사(오른쪽)

거시적 목표를 놓고 보았을 때 한국형 모델에 돌이킬 수 없는 오점으로 작용할 수 있다.

고용과 수익 지상주의, 한국형 사회적 기업

| 정부에 묶인 사회적 기업들 |

혁신적 방법으로 교육 불평등 문제를 해결하고 있다고 주장하는 소셜 벤처 '점프'_{www.jumpsp.org}의 예를 들어 설명해본다. 우선 점프의 기본개념과 프로그램은 다음과 같다.

대학생들이 사교육을 받을 형편이 안 되는 청소년들에게 1년 동안 일주일에 여덟 시간 이상씩 최고 수준의 과외교육을 무료로 제공해준다. 청소년들은 본인이 원하면 몇 년에 걸쳐 지속적인 도움을 받아 실질적으로 학력 격차를 해소할 수 있다. 또한 대학생들은 장학금을 받으며 자신이 원하는 사회인 선배와의 일대일 멘토링을 통해 삶과 진로를 체계적으로 설계할 수 있다. 청소년에게 돌봄 기능을 제공해온 전통적 복지기관은 양질의 대학생 봉사자를 지속적으로 공급받아 추가예산 없이 돌봄에 학습까지 서비스할 수 있다.

2011년 시작된 점프는 현대자동차그룹-서울장학재단과 함께하는 H-점프스쿨, 고려대학교-성북구청과 함께하는 KU점프성북, 경기도교육청-단원고등학교와 함께하는 점프안산 등 다양한 민관협력 사업을 통해 그 혁신성과 사회적 가치를 인정받고 있다.

하지만 점프는 2013년도에 예비 사회적 기업 인증 도전에 실패했다. 여러 가지 이유가 있었지만 수익모델이 없다는 이유가 컸다. 설립 당시부터 점프는 수익모델이 없어 지속 가능성이 부족하기 때문에 사회적 기업이 아니라고 생각하는 사람들이 많았고, 지금도 그렇다.

점프는 경쟁력 있는 대학생 봉사자를 공급하기 때문에 지역아동센터나 종합사회복지관에 일정 비용을 청구하는 방식으로 얼마든지 수익모델을 만들어낼 수 있다. 하지만 점프는 교육이 공공재라는 철학을 가지고 있기 때문에 이용자들에게는 양질의 서비스를 무료로 제공하고, 공공재를 공급해야 할 의무가 있는 정부나 점프의 서비스를 통해 장기적으로 혜택을 얻게 될 대학 및 기업을 통해 재원을 조달하고 있다. 구구절절하게 점프 이야기를 쓴 이유는 사회적 기업에 대한 한국 사회의 정의가 지나치게 단편적이라는 점을 지적하고 싶어서다.

위에 예를 든 아쇼카 파운데이션은 물론이고, 미국 명문대 학생들이 가장 취직하고 싶은 회사 중 하나로 손꼽히는 '티치포아메리카teach for America, TFA', 기술과 크라우드소싱을 활용해 전 세계 사람들에게 무료로 양질의 정보를 제공하는 '위키미디어 파운데이션wikimedia Foundation' 모두 한국에서는 사회적 기업이라 부를 수 없다.

실제로 사회적 가치를 창출하는 조직이 사회적 기업으로 인정 받지 못하는 것은 안타까울 뿐이다. 정책에 맞추어 사회적 기업의 범위를 설정할 때 나타나는 진짜 문제점은 혁신성이나 사회적 기업가 정신은 전혀 없는 정책, 공모전 사냥꾼들이 그 자리를 차지한다는 데 있다. 진짜 사업은 하지 않으면서 사회적 기업과 관련된 각종 공모전에 그럴싸한 사업 아이디어만 제출하고 상금 사냥만 하는 대학생과 사회적 기업가

■ 위키파운데이션(왼쪽)과 티치포아메리카(오른쪽)

가 적지 않다는 것은 공공연한 비밀이다.

2013년 연말을 기준으로 인증 사회적 기업은 1,000곳이 넘는다. 하지만 이중 65퍼센트가 일자리 제공형이고, 그마저도 상당수의 기업이 낮은 임금의 단순 노동형 일자리를 제공한다. 국회 입법조사처가 2014년 초에 발간한 '사회적 기업 지원제도의 문제점과 개선방안' 보고서에 따르면 연구에 참여한 사회적 기업의 58.6퍼센트가 정부의 인건비 지원이 중단될 경우 폐업, 일반기업으로 전환, 인력감축 등의 조치를 취할 것이라고 대답했다. 입법조사처는 "이러한 일자리 사업 중심의 사회적 기업 육성정책으로, 사회적 취약계층에 대한 사회서비스 제공이라는 본래적 사회적 가치가 과소평가 되고 있다"고 설명했다.

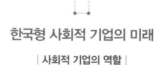

한국형 사회적 기업의 미래
| 사회적 기업의 역할 |

이런저런 부작용에도 불구하고 사회적 기업, 더 나아가 사회적 경

제는 한국사회가 안고 있는 많은 사회경제적 문제를 해결할 만병통치약이 될 수 있을까? 안타깝게도 현실은 그렇지 못하다. 몇 가지 이유를 꼽자면 다음과 같다.

첫째, 사회적 경제의 주체들은 정부와 기업이 여러 가지 이유로 해결하지 못한 난제를 풀어내야 한다. 하지만 역량이 부족하다. 청년실업률 해소, 어르신 일자리 제공 등 정부 과제 해결을 위한 솔루션으로 사회적 기업 정책이 이용되면서 대학생과 명예퇴직자, 은퇴자 등이 대거 유입되고 있다. 이들 중 과연 얼마나 많은 사람들이 사회적 기업가의 자질을 갖추고 있는지 의문이다.

둘째, 정부가 주도한다는 생각을 버려야 한다. 어려운 사회문제를 기업의 논리로 푼다는 정의를 내놓으면서 경제가 아닌 정치의 논리로 접근하는 현실은 아이러니가 아닐 수 없다. 이에 대해 우리나라는 정부 주도하에 경제성장의 성공모델을 만들어냈기 때문에 가능하다고 주장할 수 있다. 하지만 과거와 달리 혁신을 다루는 사회적 경제의 본질을 생각해볼 때 보수적일 수밖에 없는 정부 문화와 융합하면서 성공적인 결과를 내놓기란 쉽지 않아 보인다.

셋째, 학문과 문화적 뒷받침도 부족하다. 노벨상을 수상한 유누스Muhammad Yunus 총재의 사회적 기업 그라민 뱅크Grameen Bank가 소개되면서 우리나라에서도 사회적 투자가 주목받고 있다. 사회적 기업처럼 사회적 가치를 만들어내는 곳에 착한 투자를 해서 생태계를 활성화하겠다는 것인데, 과연 진짜 사회적 투자를 하는가라는 생각이 드는 경우도 적지 않다. 투자에 대한 이익ROI을 어떻게 계산할 것인가에 대해 대부분의 투자자들은 아직도 전통적 방식의 정량적, 다시 말해 투자금 회수와 이자

율, 거치 기간 등에만 깊은 관심을 둔다. 하지만 점프와 같은 사회적 기업들이 만들어내는 가치는 돈으로 환산하기 어렵고, 환산할 때까지 사람의 일생이라는 기간이 걸리기도 한다. 사회적 기업이라면 전통 경제학에서 말하는 기업의 이윤이 아닌 사회적 이윤Social Profit에 주목하고 학자들이 좋은 평가도구를 개발해 그것을 투자의 척도로 삼아야만 비로소 체계적인 변화가 가능할 것 같다.

그럼 수많은 세금과 정책, 기업의 사회공헌 인력과 재원의 투입 덕분에 유행처럼 번져가고 있는 사회적 기업과 사회적 경제는 우리 사회에 어떤 의미를 갖는 걸까? 1990년대 말과 2000년대 초의 벤처 붐에 그 해답이 숨어 있다.

그 당시에도 수많은 묻지 마 투자와 지원이 이어졌고, 수많은 벤처 신화가 다시 쓰였으며, 숱한 사기꾼들이 그 열매를 가져갔다. 하지만 알려진 것보다 훨씬 많은 실패의 이야기들이 있으며, 그런 경험들이 양분이 되어 지금 한국 IT업계가 성숙할 수 있었다. 사회적 경제도 마찬가지일 것 같다. 많은 미담이 만들어지고, 그만큼이나 많은 가짜 사회적 기업도 등장할 것이다. 그리고 세상을 아름답게, 공정하게 만들어보겠다는 비전을 가진 수많은 청년과 장년, 노년들이 자신의 시간과 열정을 쏟아부을 것이다. 그리고 안타깝게도 이들 중 상당수는 실패라는 쓰디쓴 결과를 받아들 것이다. 하지만 이들이 뿌린 씨앗은 다음 세대나 다다음 세대가 우리나라의 주역이 될 때, 우리 사회가 공동체를 회복하는 데 어떤 식으로든 영향을 끼칠 것이다.

벤처 붐 때와 이번 사회적 경제 열풍에서 다른 결과가 나왔으면 하는 것은 도전에 대한 사회의 평가다. 벤처 창업에 도전했던 많은 젊은

이들은 신용불량자로 낙인찍히거나, 취업 나이 제한에 걸려 재도전의 기회를 얻지 못하는 경우가 많았다. 창업이라는 과정을 통해 직접 체득한 생생한 경험과 배움을 인정해주지 못하는 것이 15년 전 한국사회의 수준이었다. 이번에는 그렇지 않기를 희망해본다. 사회를 바꾸기 위한 청춘의 도전이 정당한 평가를 받는 사회가 되었으면 좋겠다.

이제는 우리나라도 다양한 생각과 가치, 도전이 인정받는 사회가 되어야 한다. 그렇지 않으면 사회적 경제와 사회적 기업은 개인의 희생으로 국가의 발전을 도모하는 또 하나의 정부 주도 정책으로만 역사에 기억될 것이다.

이의헌

사단법인 점프의 창립자이자 이사장. 협업과 혁신적인 솔루션을 통해 사회적 이윤을 추구하는 사회적 이윤 기획자. 교육 소셜 벤처 점프를 이끌면서 미국 실리콘밸리의 혁신적 스타트업 기업 중 한 곳인 서베이몽키(surveymonkey)의 한국 책임자로 일하고 있다. 비영리단체, 사회적 기업, 소셜 벤처, 스타트업, 글로벌 IT 인더스트리에 대한 다양한 경험을 쌓고 있다. 고려대학교 신문방송  학과를 졸업한 뒤 미국에서 미주 한국일보 기자로 일하며 다문화사회 및 다양성에 깊은 관심을 갖게 되었고, 하버드 케네디 스쿨에서 공공정책을 공부했다.

도시

공유 플랫폼으로 도시를 기획하다

도시와 플랫폼의 이상적인 만남

공유가 대세다. 몇 가지 사례를 보자. 매달 혜화동 마로니에 공원에서는 도시형 장터인 마르쉐@혜화동이 열린다. 50여 도시농부들이 친환경 농산물뿐 아니라 수제 잼, 수제 버거를 판매하고 있다. 그리고 매주 이태원과 홍대 앞에서는 자신이 만든 옷과 액세서리를 판매하는 가판대가 줄을 잇는다.

해외에서 많이 볼 수 있는 벼룩시장의 모습이다. 그럼에도 우리에게 이 모습들이 신선하게 다가오는 이유가 있다. 공적인 장소를 공유하면서 유통단계를 줄여 소비자와 생산자가 직접 만나는 장소, 즉 공유경제의 장(場)을 체험할 수 있기 때문이다. 기계적 일상에 치인 '나'는 자신의 손으로 직접 재배한 농산물과 수제 액세서리를 파는 생산자를 만날 수 있고 그들과의 소통을 통해 '우리'를 느끼게 된다. 그렇다면 이들 벼룩시장은 공유 플랫폼의 원초적 의미를 함축하고 있는지 모른다.

지금까지 작은 물건, 옷, 액세서리 등 개별 물품의 공유가 유행했다면, 2015년에는 공유의 범위

가 더욱 확장될 수 있다. '공유'의 이름으로 마을이 구성되고 마을에 필요한 생필품과 지식, 그리고 서비스 등이 제공될 수 있다.

이 시점에서 우리가 중요하게 바라볼 관점이 하나 있다. 무엇을 위한 공유인가에 대한 질문이다. 공유경제로 창출될 이익 그리고 가치는 차별적으로 존재할 수 있는데, 무엇을 우선순위로 두느냐에 따라 공유 플랫폼의 의미는 크게 갈릴 것이다. 공유경제의 의미있는 가치를 살피면서 공유경제가 가야 할 바람직한 방향을 이야기할 때다.

이익과 가치, 양날의 칼

| 공유경제를 이루는 중심 축 |

공유경제 그리고 공유도시. 불과 몇 년 전까지만 하더라도 자주 들을 수 없었던 낯선 단어들이었다. 하지만 서울시가 공유도시임을 선포한 이후 국내뿐 아니라 해외에서도 그 개념과 내용에 대한 관심을 표명하기 시작했고, 2015년에는 공유도시의 정체성 찾기가 활발하게 진행될 예정이다. 그러나 아직까지는 일반 시민들이 정확한 의미와 구성 요소에 대해 헤아리기 힘든 것이 사실이다.

■ 공유허브 사이트 이미지

왼쪽 그림을 보면, 공유경제의 개념은 '안 쓰는 물건들'을 서로 공유share하고 '지식과 재능', '창작물' 등을 서로 함께 사용하여 '함께하는 공동체'와 '더 나은 환경', '똑똑한 소비'를 증진시키는 것이라고 말할 수 있다. 사용빈도가 약한 것들을 공동으로 소비함으로써 비용을 낮추고 공동체를 형성하는 것이 그 핵심인 것이다.

공유경제는 '공유'와 '경제'라는 두 개의 단어가 합쳐진 것에서 알 수 있듯이, 경제활동을 기반으로 공유적 가치를 창출하는 것이다. 여기서 우리는 '공유'의 바람직한 방향과 더불어 '경제'의 맥락을 유심히 들여다볼 필요가 있다. 경제란 무엇인가? 서비스나 생산물을 만드는 데 들어가는 비용을 최소화하고 창출된 서비스와 생산물을 높은 가격에 더 많이 판매하는 수입 극대화의 개념이다. 즉, 제품 생산 비용은 최소로 줄이고 가급적 많은 수량을 비싸게 판매함으로서, 수입과 비용의 차이를 극대화하여 종국에는 기업의 이윤 극대화를 지향한다는 것이다. 이러한 이윤 극대화 전략은 자본주의 사회에서는 매우 당연한 것이지만, 이것이 공유경제를 표방했을 때는 가치 충돌이 일어날 수밖에 없다.

만약 공유경제를 추구하는 기업이 자기 기업의 이윤 극대화만을 추구한다고 한다면, 공유경제와 일반 자본주의 경제의 차이가 과연 존재할까? 결국 공유경제의 핵심은 이윤 극대화를 추구하되, 거기에서 실현되는 가치가 공유적 가치여야 할지 모른다.

현재 공유경제와 관련된 논의의 축은 비용 최소화 측면과 관련된다. 예를 들어 네 명의 사람들이 연필 한 자루를 같이 사용하는 것처럼, 안 쓰는 물건들을 공유하는 것이다. 주로 컴퓨터로 업무를 보는 네 사람은 연필을 쓸 일이 거의 없기 때문에 한 자루의 연필을 공동으로 구입하여 비용을 1/4로 줄일 수 있다. 이 경우는 비용 최소화를 중시한 공유경제 개념이다.

하지만 과연 안 쓰는 물건들을 공유한다는, 어쩌면 사회적 비용을 낮추는 차원에 주안을 둔 공유경제가 우리가 추구해야 할 절대적 가치일까? 즉 공유경제의 내용이 중요한지, 아니면 이를 통해 어떤 사회적 가치(공유가치)를 창출해야 하는지 이중 무엇이 더욱 중요한 것인지에 대한 고민이 요구된다.

택시 기사를 위협하는 우버 택시

| 공유경제의 잘못된 사례 |

이번에는 최근 논란이 되고 있는 우버Uber에 대해 생각을 해보자. 우버는 미국 샌프란시스코에서 설립된 차량이용 공유서비스ridesharing service 회사다. 우버 모바일 앱을 통해 승객과 자동차 운전자를 연결시켜주는 서비스다. 승객은 특정 장소까지 운행을 요청하고, 예약된 차량의 위치를 파악할 수 있다. 일반 시민이 자신의 차량을 가지고 일종의 콜택시와 같이 영업을 하는 것이다. 비용을 줄여준다는 측면에서 우버는 공유경제의 개념을 갖고 있는 것이 사실이다. 하지만 비록 우버가 공유경제적 특징을 갖고 있다고 하더라도, 과연 우버가 창출하는 가치가 사회적으로 바람직한 방향인가에 대해서는 의문이 남는다.

2014년 9월 현재, 우버는 45개국의 100여 곳이 넘는 도시에서 운영 중이며, 그 가치는 150억 달러의 평가를 받고 있다.[1] 이처럼 어마어마한 기업 가치를 보면 알 수 있듯이 우버 사업은 투자자들에게서 매우 큰 관심을 받고 있고, 이미 월스트리트로부터 상당한 투자를 받은 상태다. 그러나 우버가 끊임없이 논란의 한가운데에 있는 것은 왜일까? 아마도 가장 큰 이유는 우버의 사업이 사회적 약자인 택시기사들의 생존권을 위협하기 때문일지 모른다.

자동차 소유를 줄인다는 측면에서는 비록 공유경제적 측면이 있지만, 경제행위의 결과로 창출되는 가치가 사회적 약자와 경쟁관계에 있다면, 단순히 공유경제라고 하여 공유경제적 성격을 갖춘 사업들을 환영해야 할지는 재고해야 할 부분이다.

따라서 문제의 핵심은 공유경제적 내용을 갖추고 있느냐의 여부를 넘어서 공유경제를 통해서 창출되는 가치가 과연 공유가치를 실현하느냐에 있다. 즉, 단순히 공유경제적 내

How to Take Uber on New Year's Eve Without Losing All Your Money

If you're going to use Uber on New Year's Eve, take it before 8 P.M., between 10:30 P.M. and midnight, or after 3 A.M.

MATTHEW O'BRIEN | DEC. 31. 2013, 4:55 PM ET

▌ 우버 택시를 반대하는 시민들

용, 다시 말해 사회적 비용을 줄이는 경제행위에 그쳐서는 안 된다. 이를 통해 창출한 서비스나 생산물이 일반기업을 넘어서서 공유적 가치를 창출하는 방향으로 연결되어야 한다.

여기서 하버드대학교 경영대학원 마이클 포터Michael E. Porter 교수의 공유가치에 대한 설명에 주목할 필요가 있다. 그가 설명하는 공유가치는 기업의 경쟁력을 강화하는 동시에 지역 커뮤니티의 경제적·사회적 형편을 증진시키는 것을 의미하며, 이를 통해 사회적 진보와 경제성장 간 연결고리를 확대하는 것이다.[2]

그의 논문에 소개된 네슬레Nestlé의 사례는 이채롭다. 네슬레는 아프리카와 라틴아메리카에서 열악하게 이루어지던 커피농장의 조달방법을 다시 디자인했다. 생산자에게 새로운 농사법을 제시하고, 은행 대출을 보증하는가 하면, 종자 재고 관리법을 교육하고, 방충 및 비료 제공을 도와주었다. 악순환에 빠져 있던 농부들은 질 좋은 커피를 생산할 수 있게 되었고 직거래를 통해 더 많은 이익을 얻을 수 있게 되었다. 그리고 네슬레는 매우 질 좋은 커피의 공급처를 안정적으로 확보하게 되

었다. 네슬레는 이로써 이익 극대화를 실현할 뿐 아니라, 지역 커뮤니티에게도 도움이 되는 진정한 공유가치를 창출한 것이다.

공유경제를 비용 최소화의 관점에서만 볼 것이 아니라 어떤 가치가 창출되어야 하는지 즉, 창출될 공유가치가 무엇인지를 고민하고 이를 어떤 사회 구성원들이 공유하게 될지를 생각해야 할 시점이다.

페이스북의 성공 요인
| 성공적인 플랫폼의 세 가지 특성 |

필자는 2004년 하버드대학교에서 도시계획/부동산 박사과정을 시작했다. 2004년 12월 하버드대학교 교정을 걷고 있을 때, 나무에 붙어 있던 하얀색 광고지가 눈에 띄었다. 동네에서 과외를 구하는 대학생들이 붙여놓은 것과 비슷한 수준의 광고지였다. 광고지 밑에는 회사 웹사이트가 적혀 있었는데, 웹사이트 주소는 www.facebook.com이었다.

당시 페이스북facebook은 하버드대학교를 비롯한 아이비리그Ivy League 출신 학생들만 등록할 수 있는 폐쇄적인 커뮤니티였고, 지금과 같은 매력적인 모습은 아니었다. 당시 페이스북에 접속하면서, 온라인상에서 사람들 간의 사회적 관계 형성 서비스를 시작했던 싸이월드의 미국식 버전이라는 인상을 받았다. 당시 싸이월드는 자체 수익원마저 갖춘 회사였다. 수익원 중 가장 대표적인 것은 싸이월드 커뮤니티 이용자들이 구입할 수 있는 일종의 쿠폰인 도토리였다. 필자에게는 싸이월드가 사회적 관계를 엮는 시도를 하고 수익모델도 갖춘 성공적인 회사로 여겨졌고, 페이스북은 수익원이 무엇인지 알기 힘든 싸이월드의 미국식 짝퉁처럼 여겨졌다.

페이스북(위)과 싸이월드(아래) 로고

하지만 현재의 페이스북은 플랫폼의 원숙한 모습을 보여주면서, 글로벌 기업으로 성장했다. 반면 싸이월드는 페이스북이 성장하는 동안 매우 성장이 지체된 한국의 로컬회사로 남아 있다.

이 극명한 차이점은 비즈니스가 플랫폼의 성격을 갖추고 있느냐와 연관되어 있다. 플랫폼은 크게 세 가지 요소를 갖추고 있다. 첫 번째는 확장 가능성이다. 플랫폼은 기본적인 구조로써 존재하며, 이 플랫폼 위에 새로운 사업과 서비스가 접목되면 플랫폼의 구조가 점차 확장된다. 그런데 여기에서 재미있는 요소는 확장 자체를 플랫폼 제공자가 직접 하기보다는 제3의 기업이나 개인 등이 수행한다는 것이다. 예를 들어, 페이스북이라는 플랫폼을 통해 A, B, C 등 다양한 회사들이 진입해서 그들이 만든 게임이나 소프트웨어를 등록하는 것이다.

이와 같이 한 회사가 플랫폼을 확장하는 것이 아니라 다양한 외부 업체들이 플랫폼에 진입하여 서비스와 제품을 제공한다면, '나'에 의해서 플랫폼이 확장되는 것이 아니라, '우리'에 의해서 확장하게 되며, 그 확장 속도는 매우 빠르다. 실제로 필자는 에어비앤비AirBnB(개인 숙박 등록 및 이용 플랫폼 회사) 경영진과 공동 연구를 하기 위해 관련 미팅을 한 적이 있는데, 에어비앤비의 성장속도가 기하급수적으로 증가하고 있기 때문에 우리의 연구 결과가 사업의 확장성을 따라갈 수 있을지에 대해 의문을 표시하기도 했다. 에어비앤비 한국지사에 신규 등록되는 게스트의 숫자가 빠른 속도로 증가하고 있는 것만 보아도, 사업 확장의 속도가 우리가 생각하는 수준 이상으로 진행될 수 있다.

두 번째 특징은 유연성이다. 플랫폼 자체가 외부 진입이 자유롭게 설계되어 있다면, 다양하고 많은 수의 외부 회사들이 플랫폼에 등록할 수 있다. 이들 가운데 창의적인 아이템으로 사업이 빠르게 성장하는 회사라면 플랫폼 내부에서 플랫폼과 함께 성장할 수 있지만, 성장이 지체되거나 성장동력이 없는 회사의 경우 플랫폼에서 사라질 수 있다. 그리고 그 빈자리는 또 다른 회사가 메울 수 있다. 따라서 플랫폼 구조에의 진입과 진출은 매우 유연하게 일어난다.

마지막 특징은 빠른 성장속도다. 플랫폼 확장의 속도가 빠르고, 외부 업체의 플랫폼 내 진입과 진출이 빠른 점이 그것이다.

도시와 플랫폼의 이상적인 만남은 가능한가?
| 도시 플랫폼의 가능성 |

이제 도시라는 공간에서의 플랫폼적 성격이 가능한지 즉, 도시공간 플랫폼의 가능성을 살펴보자. 플랫폼은 확장 가능성, 유연성과 속도라는 특성을 갖고 있는 데 반해, 도시라는 공간은 이 세 가지 특징을 기본적으로 갖추고 있지 않다. 다시 말해 우리가 살고 있는 주택이라는 공간 또는 서울시청이라는 물리적 공간은 어느 날 갑자기 2배, 3배로 증

가할 수 없다. 건축물이라는 한정된 공간이 한순간에 벽을 뚫고 옆으로 확장할 수 없기 때문이다. 즉, 한정된 공간이기에 확장 가능성이 기본적으로 없다. 또한 도시라는 공간에는 다양한 사람들이 살고 있다. 그 사람들의 집합으로써의 커뮤니티는 그 성격 자체가 오랜 기간에 걸쳐 만들어진 것이기에 빠르게 변화하지 못한다. 바꿔 말하면 도시공간의 구성원들은 매우 유연하지 못하다는 특징이 있다. 또한 변화가 있다 하더라도 그 변화의 속도는 기하급수적으로 일어나는 것이 아니라, 오랜 기간 아주 천천히 이루어진다. 따라서 속도 역시 매우 제한적이다. 결론적으로 도시공간은 한정된 공간이라는 제약과 더불어 변화가 느린 커뮤니티의 성격으로 말미암아 확장 가능성, 유연성과 속도에 큰 제약이 존재한다.

그럼에도 우리는 도시공간 플랫폼을 구축할 수 있다. 그것은 도시공간의 기능을 유연하게 하고, 시간배치를 유연하게 하는 작업을 통해 가능하다. 예를 들면 과거에는 사람들이 거주 용도로 사용했던 집을 다른 용도와 혼용하는 것이다. 에어비앤비가 대표적이다. 내가 살고 있는 집을 주말에는 외부 관광객들이 숙박할 수 있도록 제공해서, 집을 주거 용도와 숙박 용도로 혼용하는 사업을 추진하는 것이다.

한편 시간의 재배치는 다음과 같이 설명할 수 있다. 셰어하우스는 여러 사람들이 공간을 공유함으로써 비용을 줄이고 커뮤니티 활성화를 이루는 것을 목표로 한다. 즉, 과거 원룸은 한 개의 방 안에 개인 침대, 화장실, 주방 등이 모두 있는 구조였다. 이중 화장실과 주방 등을 공동으로 사용함으로써 공용 공간을 조성하는 것이 셰어하우스의 물리적 공간구조의 핵심이다.

■ 뉴튼 프로퍼티(주)에서 개발 중인 역삼동 소재
셰어하우스 – 'The Share' 내부 설계

여기에서 이런 생각도 할 수 있다. 9시 출근을 하는 세 사람이 있다고 하자. 이들이 각자의 원룸에서 생활하는 경우에는 자기가 편한 시간에 샤워하고 용변을 보고 세수하면 되므로 큰 편리를 누릴 수 있다. 하지만 셰어하우스에 거주하며 화장실을 공용으로 쓰는 경우, 한 명이 화장실을 사용한다면 다른 사람들의 출근 준비에 지장이 생길 수 있다는 걱정을 할 수 있다. 이런 경우, 시간과 공간 재배치를 통해 해결 가능하다.

원룸에는 하나의 공간에 세수대와 변기와 샤워실이 있다. 하지만 세수대와 변기, 샤워실을 아래와 같이 독립적으로 공간 배치를 한다면, 1번 방 사람이 세수대를 쓰는 동안, 2번 방 사람이 변기를 사용하고 3번 방 사람이 샤워를 하면서 같은 시간대에 모든 사람들이 자기 일을 볼 수 있다. 그리고 이를 순차적으로 한다면, 앞서 염려했던 일은 많은 부분 해결 가능하다.

따라서 물리적으로 한정되고 제약된 도시공간이더라도 기능을 유연하게 사용하고, 더불어 시간과 공간의 이용 재배치를 통해 우리는 도시공간을 플랫폼적으로 사용할 수 있게 된다. 그렇다면 이제 도시 플랫폼을 이용하여 공유가치를 늘릴 수 있는 전략을 수립하여야 한다.

도시 플랫폼의 공유가치란?

| 어반 하이브리드의 사회적 실험 |

서울 관악구는 서민 밀집 주거지역이다. 비록 구내에 서울대학교가 위치하나 상당수 학생들이 졸업 후 관악구를 떠나 다른 지역으로 이주하며, 구내 지역의 초·중·고 교육성과는 높은 편이 아니다. 영어와 같이 사교육 효과가 극명한 과목의 경우, 2000년대 강남 지역의 성적은 꾸준히 오른 데 비해, 관악구는 금천구와 더불어 교육성과가 하락했다. 즉, 지역 교육 향상에 절실한 이유가 존재한다. 또한 관악구는 강남이라는 거대한 오피스지구와 새롭게 IT와 패션의 메카로 성장하고 있는 구로가산 지구의 중앙에 위치함에도 변변한 산업기반이 없는 지역이다. 따라서 교육과 지역 활성화 모두 위기상황에 놓여 있는 형편이다.

과거 경로당으로 쓰였으나 건물을 사용하지 않게 되면서 주변 커뮤니티의 걱정거리가 되어버린 건물이 관악구에 다수 존재했다. 관악구와 어반 하이브리드 그리고 세스넷(사회적 기업 지원조직) 3자는 이 버려진 건물에 대한 다양한 고민과 제안을 통해 관악구가 건물 리모델링을 하고, 어반 하이브리드가 건물 내부공사에 투자하는 형태로 민관투자를 시행했다. 그리고 어반 하이브리드는 관악구가 직면한 문제점(교육 향상과 지역경제 활성화)을 작은 차원에서나마 해결하기 위한 전략을 수립하였고, 해당 건물(신림아지트)을 그 전략에 맞춰 운영하고 있다.

어반 하이브리드가 총괄 운영주체이기는 하나, 다양한 외부 조직들이 사용할 수 있도록 유연한 형태로 실험적인 운영을 하고 있다. 즉, 공

▌ 과거, 버려졌던 건물시절

▌ 현재, 신림아지트

간 플랫폼 운영권자로서 외부자원의 내부화를 통한 확장 가능성과 유연성을 담보하려고 한다. 또한 매우 작은 건물임에도 1층은 지역 커뮤니티 교육이 일어나면서 저녁 시간에는 대관서비스를 할 수 있는 공간으로, 2층은 사회적 기업과 벤처 인큐베이팅 및 엑셀러레이팅 기능으로 운영 중이다. 지하는 3D프린터 등을 갖추어 사회적 서비스를 제공하는 공간으로 탈바꿈할 예정이다.

대지면적 30평의 작은 건물을 커뮤니티 교육, 대관 기능, 오피스, 공장 및 창고 등 다양한 기능으로 활용하고 시간을 유연하게 사용하는 전략을 통해 도시공간 플랫폼을 추진하고 있는 것이다.

만약 신림아지트가 관악구의 문제점인 교육과 지역경제 활성화에 조금이나마 기여하게 된다면, 아지트 2호, 아지트 3호 등이 잇따라 설립될 수 있다. 그리고 이는 점적인 개발이 서로서로 연결되는 네트워크형 개발로 실현될 것이다. 그리고 종국에는 네트워크적 개발을 통해 도시 자체의 플랫폼화가 실현되는 순간을 목도할지 모른다.

김경민

서울대학교 환경계획과 교수. 하버드대학교에서 부동산/도시계획 분야 박사학위를 취득했다. 2009년부터 서울대학교 환경대학원 도시및지역계획과에 전공 교수로 재직 중이다. 2011년 《도시개발, 길을 잃다》를 저술하여 용산 국제업무지구 개발의 문제점을 지적했다. 2013년 프레시안에 '김경민의 도시이야기'를 연재하였고 이를 엮어 《리씽킹 서울》이라는 책으로 출간했다. 주 연구 분야는 오피스와 쇼핑몰 등 상업용 부동산 분석이나, 사회적 기업과 공유  가치, 공유경제에 대한 연구를 수행 중이다. 미국 지역개발의 한 축인 민간주도 비영리 개발회사(Community Development Corporation, CDC)의 실현을 위해 한국형 CDC 플랫폼 조직인 사회적 기업 '어반 하이브리드'를 설립했다. 어반 하이브리드는 관악구청의 도움을 받아 신림아지트(Azit)를 오픈하여 지역 커뮤니티 비즈니스 활동을 전개 중이며, 창신아지트(종로구 창신동 소재)를 통해 디자인과 패션 제조업 간의 연결고리 역할을 하는 지역산업 혁신 플랫폼 사업을 추진하고 있다.

교육

'만들어진 행복'을 걷어차라

'인간 탐구'에 관한 과학적 사실들

세계적인 자기계발 베스트셀러 저자인 말콤 그래드웰(Malcolm Gladwell). 그는 《티핑포인트(The Tipping Point)》와 《블링크(Blink)》를 출간했고, 2008년 월스트리트저널이 선정한 세계에서 가장 영향력있는 10대 경영사상가로 선정되기도 했다. 그 후 《아웃라이어(Outliers)》는 출간과 동시에 뉴욕타임스 주간 베스트셀러 1위에 오를 정도로 화제를 모았다.

《아웃라이어》의 핵심은 1만 시간의 법칙에 있다. 하루 3시간씩 10년을 한 분야에 매진한다면 정상에 오를 수 있다는 메시지다. 물론 말콤 그래드웰은 노력의 중요성을 강조한 것이지만, 그의 메시지는 마치 일반적인 성공 비법을 제시하는 듯한 뉘앙스를 주었고, 많은 사람들은 그의 책에 열광하면서 자기계발에 열중했다.

그러나 과연 1만 시간 매진하면 정상에 오를 수 있을까? 명백한 것은 사람마다 결과가 다르다는 것이다. 또한 모든 사람이 정상에 오르고 성공할 수 없다는 것도 명백하다.

　자기계발의 이면을 살펴보자. 모든 자기계발서는 기본적으로 우리의 의지가 인생을 변화시킬 수 있다고 이야기한다. 꿈을 꾸고 간절히 바라고 목표를 위해 노력한다면 원하는 것을 얻을 수 있다는 생각을 전파하고 있다. 이런 사고방식에는 인간이 이성적이며 합리적인 존재라는 가정을 바탕으로 한다. 더불어 인간은 다른 생물과는 달리 특별하다는 메시지도 담고 있다. 과연 인간은 특별한 존재일까? 이제 '인간에 대한 탐구'를 해보자. 인간에 관한 철학적 탐구와 더불어 과학이 밝혀낸 인간의 민낯을 들여다본다. 결론을 미리 말하자면, 인간은 특별하지 않다. 단지 인간이 특별하지 않다는 것을 발견한, 그 정도의 특별함만을 가지고 있을 뿐이다.

행복을 강요하는 시대, 좋은가?

| '즐겨라'라는 말이 불편한 이유 |

"지금부터 전혀 다른 경기를 하자. 승리의 룰은 단 하나, 즐기면 된다."

잠시 한국을 방문하는 동안 버스 정류장과 지하철역에서, 그리고 쇼핑몰에서 위의 광고를 계속 마주쳤다. 그리고 나는 내가 여전히 이런 표현을 불편하게 느낀다는 것을 깨달았다. '피할 수 없다면 즐겨라'. 언젠가부터 사람들은 이 말을 즐겨 인용하기 시작했다. 자신의 감정을 이성으로 제어할 수 있음을 의미하는 이 말은 얼핏 매력적으로 들린다. 열악한 환경을 의지로 극복한 인간 승리의 이야기에 우리가 감동하는 것과 비슷하게 이 말은 사람들의 보편적 감성을 자극하는 듯이 보인다. 그러나 과연 인간은 진정 자신의 감정을 원하는 대로 지배할 수 있을까?

또 다른 사례를 보자. 최근 몇 년 동안 전 세계를 휩쓸고 있는 오디션 프로그램에서 심사위원들은 도마 위의 생선을 쳐다보는 요리사가 되어 참가자들에게 묻는다. "어떤 자세로 임할 건가요?" 바람직한 답은 "즐기는 자세로 도전하겠습니다"일 것이다. 답이 정해진 질문을 던지고 받는 일은 얼마나 공허한가? 참모습은 사라지고 가면을 쓴 역할놀이만이 남을 뿐이다. 무대가 끝난 뒤, 그들은 참가자의 퍼포먼스를 하나하나 지적하다가 덧붙인다. "스스로 즐기는 모습이 보기 좋았습니다." 참가자들은 이제 어떻게 해야 다른 이들에게 자신이 즐기는 것처럼 보일 수 있을지를 연습해야 할지 모른다.

스포츠 업체의 광고와 오디션 프로그램의 한 장면에서 우리는 공통

순위 나누기를 멈춰라. 점수 매기기도 멈춰라. 이건 전혀
다른 경기다. 누구보다 큰 웃음을 지어보자. 멋진 세레모니로
모두를 열광시켜 보자. 이젠 즐기는 사람이 최고가 될 것이다.
트로피는 필요없다. 라이벌도 필요없다. 누군가의 허락도
필요없다. 움직이고 싶은 대로 몸을 움직여 보자. 스포츠의
근원은 놀이. 진짜 놀이가 뭔지 기억해내자. 승리의 룰은
단 하나, 즐기면 된다.

Just do it ✔

▌나이키 광고 문구   ▌오디션 프로그램

된 특징을 발견할 수 있다. (몇 년 전 크게 유행했던, 아버지가 뭐라고 말했는지를 노래했던 카드 광고도 마찬가지다.) 그것은 바로 이 사회가 개인에게 즐길 것을 강요하고 있다는 것이다. 이는 행복의 책임을 개인에게 돌리는 사회 분위기를 반영한다. 즉, 우리 모두가 행복을 추구하고 있음에도 불구하고, 어떤 왜곡된 모습이 존재하고 있다는 것이다. 우리가 전파하는 행복은 '만들어진 행복'인 셈이다. 왜 이런 일들이 일어나는 것일까?

⊡

만들어진 행복, 누가 강요하는가?
│ 행복의 이데올로기적 속성 │

이제 '만들어진 행복'의 실체를 알아보자. 만들어진 행복에는 인간의 이성이 감정을 지배할 수 있다는 믿음이 전제되어 있다. 이성과 감정은 분리되는 것이며, 이성이 감정을 지배해야 하고, 또 그것이 가능하다는 신념이 깔려 있다. 더 나아가서는 눈앞에 벌어지는 어떤 일이든 자신의 마음먹기에 따라 다르게 생각할 수 있으며, 따라서 행복 또한 마음먹기에 달렸다고 주장한다. 이는 곧 행복하지 않은 자들의 문제가

사회에 있는 것이 아니라 개인에게 있음을 암시하는 것이다. 결국 사회가 가진 불평등과 구조적 모순을 개인에게 전가하는 것이다.

오늘날 무수히 쏟아지는 자기계발서 또한 '만들어진 행복'을 사고 파는 것으로 볼 수 있다. 자기계발서의 인기는 무엇으로 설명할 수 있을까? 자기계발서는 노력을 통해 현실을 극복하는 방법을 알려준다. 어쩌면 사람들은 현실에서 불가능한 희망을 책 속에서나마 찾으려 하는 것이 아닐까? 과연 각고의 노력이 우리에게 성공을 보장해줄까? 즐기라는 명령과 다짐을 통해 우리는 행복을 찾을 수 있을까?

물론 행복하라는 말 자체를 비난할 수는 없다. 바꿀 수 없는 현실이라면, 아니 적어도 바뀔 가능성이 매우 낮은 현실이라면, 개인이 스스로 바뀌는 것이 좋을 것이다. 행복이라는 개념에는 사회적인 차원과 개인적인 차원이 모두 존재하고, 같은 환경에서도 누군가는 더 긍정적으로 생각하고, 누군가는 그렇지 못할 것이다. 자기 자신을 위해 우리는 현실을 행복하게 받아들일 필요가 있다. 하지만 그럼에도 불구하고, 하나의 차원이 다른 차원을 숨기고 감출 때 우리는 장막의 이면을 들여다보아야 하는 것이다.

그렇다면 '만들어진 행복'의 실체는 무엇일까? 인간이 자신의 감정을 지배할 수 있다는 생각, 이성이 본능을 제어할 수 있다는 생각, 그리고 자신의 능동적 일부인 의식과 수동적 일부인 무의식을 구분하고 전자에게 일방적 우위를 부여하려는 생각은 과학과 깊이 맞닿아 있다. 과학과 합리적 사고를 신뢰하고 이를 통해 인류가 장밋빛 미래를 열 것이라 생각했던 근대의 사고방식에서 비롯된 것이다. 이제 '인간에 대한 탐구'의 역사를 추적하면서 만들어진 행복의 실체에 접근해보자.

의지를 불태운다면 나는 무엇이든 할 수 있을까?

| 이성과 감정, 구분 짓기의 역사 |

'즐기라'고 말하는 것은 명령이다. 외부에서 한 인간에게 주어지기도 하지만, 인간의 내부 안에서도 일어난다. 이성이 감정을 향해 던지는 명령인 것이다. 한 인간을 이러한 이성과 감정(혹은 본능)으로 구분하는 역사는 오래되었다. 데카르트 René Descartes의 이원론이 있었고, 칸트 Immanuel Kant 역시 '자신의 욕망에 복종하는 것은 자유를 행사하는 것이 아니다'라는 말을 남기기도 했다. 좀 더 거슬러 올라가면 기독교를 포함한 고대의 종교들에서도 발견된다. 이들이 말하던 선과 악이라는 개념 역시 이성과 감정을 원시적으로 구분 짓던 시도로 볼 수 있다.

이런 구분 짓기에 본격적으로 과학의 외피를 입힌 사람은 프로이트 Sigmund Freud일 것이다. 물론 프로이트가 과학적이었다는 뜻은 아니다. 어떤 이는 프로이트에 대해 이렇게 말한다. "그는 독창적인 부분에서 옳지 않았고, 옳은 부분에서 독창적이지 않았다."

인간에게는 의식과 무의식이 있으며, 의식은 단지 인간의 일부만을 설명한다는 그의 이론은 당시 이미 존재하던 것이기에 독창적이지 않았다고 말할 수 있다. 그리고 그가 독창적이었으나 옳지 않았던 부분은 개인의 문제를 성기의 발달 및 관련 콤플렉스와 연결시킨 부분을 지칭한다. 그러나 적어도 그가 한 개인을 의식과 무의식이라는 두 요소로 나눌 수 있다는 사실, 그리고 그 요소들 중 하나인 무의식이 우리 삶의 많은 부분과 관계한다는 생각을 대중에게 퍼뜨린 공로만큼은 인정해야 할 것이다. 또한 그의 정신분석이라는 도구 역시 의식이 무의식을 제어한다는 생각에 바탕을 두고 있다.

그가 활동하던 19세기 말은 과학이 전성기를 이루는 시대였다. 역학과 전자기학의 완성으로 인해 인간이 우주를 이해할 수 있을 것이라는 자만이 팽배했던 시기였다. 인간은 스스로 발견한 법칙들을 이용해 우주를 이해할 수 있다는 신념을 가지게 되었다. 더불어 우주의 구성요소인 인간 역시 분석하고 이해하고, 교정할 수 있을 것이라고 여겼다. 사실 그보다 100여 년 앞서 라플라스Pierre Simon Laplace(프랑스의 수학자, 천문학자, 수학적 물리학의 창시자)는 이미 고전역학의 성공에 기반해 인과론으로 세상의 모든 이치를 설명할 수 있으며, 자신이 모든 입자의 상태를 안다면 우주의 미래를 예측할 수 있다는 결정론을 주장한 바 있다.

다시 심리학으로 돌아가자. 심리학은 인간에 대한 과학이다. 심리학에서 인간을 이원론적으로 분리하고 감정이 아닌 이성이 지배적인 위치에 있다고 보는 사고방식은 같은 시기의 다른 학자들에서도 발견된다. 미국 심리학의 아버지인 윌리엄 제임스William James, 그리고 덴마크 심리학자인 랑게Karl Lange가 그들이다. 이들은 '얼굴 피드백 가설Facial Feedback Hypothesis'을 이야기하며 웃음 역시 의식을 통해 통제가 가능하다고 주장했다. 우습기 때문에 웃는 것이 아니라 웃기 때문에 우습다는 것이다. 실험 참가자들에게 볼펜을 입에 물게 하고, 억지웃음을 짓게 만들어 이 효과를 실험적으로 확인하기도 했다. 하지만 진짜 웃음과 가짜 웃음을 구별하는 개념인 '뒤센웃음Duchenne smile'(눈가의 주름이 특징인 진짜 웃음을 말한다)과 같은 개념에 의해 제임스의 이 가설이 진실인지, 혹은 어떤 상황에서 어느 정도의 효과가 있는지는 아직 분명하지 않다. 적어도 제임스의

■ 뒤센웃음

주장이 이성(표정 짓기)과 감정(즐거움) 사이에 뚜렷한 '수직적 상하관계'
를 부여하려는 당시의 분위기와 잘 맞아떨어졌다는 것만은 분명하다.

더 이상 인간은 특별하지 않다
| 이성 우위 사고의 종말 |

이성에 대한 믿음, 즉 인간이 세상을 이해할 수 있다는 자신감은 19
세기에 이르기까지 팽배했다. 그러나 20세기에 등장한 일련의 학문
적 진전들에 의해 이러한 생각들은 무너져갔다. 수학 분야에서는 괴델
Kurt Gödel(미국의 수학자, 논리학자, 수학 기초론이나 논리학의 결정적인 전환점을 가져
온 '괴델의 정리'를 발표함)이 불완전성 정리를 이야기하며, 하나의 체계 안
에서 '참과 거짓을 증명할 수 없는 명제'가 존재함을 보임으로써 해결
불가능한 문제가 존재한다는 생각을 우리가 받아들여야 함을 알려주
었다. 미소입자Micro Particles의 세계를 지배하는 양자역학 분야 역시 고전
적 사고로는 설명할 수 없는 실험 결과들과 함께, 작은 세계의 물리적

상태에 대해 우리가 알 수 있는 지식에는 한계가 있다는 하이젠베르크 Werner Karl Heisenberg의 불확정성 원리가 등장했다.

사실 인간의 특별함을 부정하는 근본적이자 가장 혁명적인 이론은 이미 그보다 먼저 등장해 있었다. 바로 다윈Charles Darwin의 진화론이다. 진화론은 적자생존이라는 매우 단순한 논리를 통해 지구에 존재하는 모든 생명체의 역사와 인간이 여느 다른 생명체들과 전혀 다를 바 없는 자연의 일부라는 것을 합리적으로 보여주었다.

인류가 진화론을 받아들이는 과정은 세상이 물질로만 이루어져 있음을 말하는 유물론을 받아들이는 과정이자 영혼이나 귀신과 같은 비물질적이고 실증할 수 없는 개념들을 배척해온 과정과 궤를 같이한다. 그리고 이것은 또한 인간이 과연 다른 동물과 다른 특별한 존재인가라는 질문에 대한 답이기도 했다.

물리학에서는 물질이 따라야 할 법칙이 인간을 포함한 모든 세상을 지배한다는 것을 밝힘으로써 인간의 특별한 지위를 빼앗았다. 또한 우리의 육체적 특징뿐만 아니라 정신과 감정 역시 진화의 산물이라는 것을 알려준 진화심리학은 보다 구체적으로 그 사실을 보여주었다. 우리가 지닌 습성, 도덕, 욕망, 심지어 개성 역시도 단순히 진화의 과정 중에 발생한 것임을 알려준 것이다.

예를 들어, 우리가 맛있다고 여기는 음식들은 높은 영양소와 희귀한 필수성분을 가진 음식들이며, 우리의 선조들은 이런 음식을 좋아함으로써 자신의 생존 가능성을 높였을 것이다. 때로 많은 이들이 인생의 전부라고 여기는 남녀 간의 사랑과 육체적 관계는 자식을 통해 유전자를 전달하고 이들을 충분한 기간 동안 양육하기 위해 발달시킨 특성이다. 우정은 사회적 지위 유지를 통해 생존과 번식에 도움이 되며, 존경심과 복종 역시 마찬가지다. 인간이 무서워하는 것은 자신의 생존을 위협하는 천적, 질병, 자연재해이며 인간이 두려워하거나 부끄러워하는 일 역시 자신의 사회적 지위가 추락함으로써 생존과 번식에 위협을 받게 되는 상황이다.

이와 유사한 흐름, 곧 인간을 바라보는 관점의 변화는 흥미롭게도 경제학 분야에서도 발견된다. 어찌 보면 경제학 역시 인간을 다루는 학문이라는 점에서 당연한 결과일 것이다. 전통적으로 경제학자들은 '인간의 합리적 선택'을 출발점으로 삼는다. 인간의 판단은 완벽하게 이성적이라는 가정하에서 경제학 이론을 만들어온 것이다. 그들은 인간이 하나의 결정을 내리기에 앞서 복잡한 계산을 통해 자신의 미래의 효용을 극대화하는 판단을 한다고 주장했다. 그러나 이 가정에 대한 도전은 점점 더 거세졌고, 지난 2002년 노벨 경제학상은 인간의 불완전성에 주목한 행동경제학에 주어졌다.

미래는 결정되어 있고 단지 예측할 수 없을 뿐이다
| 인간에 대한 또 다른 고찰 |

인간이 특별한 존재인가, 하는 논쟁에 있어 종교를 언급하지 않을 수 없다. 리처드 도킨스Richard Dawkins는 《이기적 유전자The Selfish Gene》를 통해 모든 생물의 성질은 그 생물 개체에 유리하도록 자연선택에 의해 진화

되었다고 주장했고, 이 책은 수십 년간 인간을 이해하는 데 큰 영향을 끼쳤다. 이후 그는 《만들어진 신The God Delusion》에서 자신이 오랜 세월 동안 암시해왔던 것처럼,

■ 리처드 도킨스(왼쪽)와 그의 책 《만들어진 신》(오른쪽)

종교라는 제도가 어떻게 인간에 의해 만들어졌는지를, 그리고 무신론이 어떻게 세상에 대하여 더 합리적인 설명인지를 설파했다.

이러한 인간에 대한 과학의 발견과 이해는 결국 수천 년, 혹은 수백만 년 동안 인간을 지배해온 종교적 가치관의 자리를 박탈할 것으로 보인다. 종교가 완전히 사라질 수 있을까? 그것은 어려운 질문이다. 그러나 자신을 무신론자라 칭하는 이들의 비율은 갈수록 증가할 것이며, 진화를 받아들이고 창조나 기적 같은 설명할 수 없는 비자연적인 현상을 믿는 사람들이 줄어들 것이라고는 말할 수 있다.

아마 인간의 특별함에 대한 가장 치명적인 공격은 인간의 자유의지에 대한 의문일 것이다. 이 세상이 물질로만 이루어져 있으며 모든 물질은 물리학의 법칙을 따른다는 두 가지 사고를 받아들일 때, 우리는 매우 자연스럽게 자유의지에 대한 의문을 품게 된다. 세상이 물질로만 이루어져 있다는 것은 나의 생각과 의지가 곧 나의 뇌 속에 존재하는 뉴런과 화학물질들이 만들어낸 결과임을 의미한다. 이 뉴런과 화학물질을 구성하는 입자들 역시 물리학의 법칙을 따름은 물론이다.

앞서 언급한 라플라스의 결정론, 즉 인간이 세상의 모든 것을 설명할 수 있다는 생각은 미시微視 상태에 대한 완벽한 정보를 아는 것이 불가능함을 증명한 양자역학의 등장으로 약화되었다. 그러나 분명한 것은 양자역학의 법칙들 역시 시간의 변화에 대해 단 하나의 과거와 미래만을 이야기하는 유니타리unitary 성질을 만족한다는 것이다. 물리학은 입자들의 한 순간의 상태가 정해질 경우, 그 입자의 모든 과거와 미래가

▍롤링볼 스컬처

결정되어 있음을 보여준다. 즉 미래는 결정되어 있다. 단지 이를 예측할 수 없을 뿐이다. (여기에는 두 가지 원인이 있다. 하나는 앞서 이야기한 바와 같이, 현재의 상태를 정확하게 파악하는 것을 불가능하게 만드는 불확정성 원리이며, 다른 하나는 20세기 후반 정립된 복잡계 이론이다.) 우주는 극히 복잡한 '롤링볼 스컬처Rolling Ball Sculpture'(정해진 경로를 따라 공이 굴러가는 장치)인 것이다.

이성과 본능, 어느 것이 강한가?

| 중독의 두 가지 해석 |

인간이라는 존재에 대한 사람들의 인식의 변화를 특정 단어의 용례로부터 찾을 수 있는 흥미로운 예가 있다. 플로리다대학교의 제임스 트윗첼James Twitchell은 자신의 저서《럭셔리 신드롬Living it up》에서 '중독'이라는 단어를 둘러싼 시대 변화를 언급했다. 그는 '중독'이라는 단어가 50년

대에는 끔찍한 강박적 집착상태를 표현할 때만 쓰였으며, 주로 마약이나 술 등의 단어와만 같이 사용되었으나, 90년대로 오면서 점차 단순히 탐탁지 않은 행위를 묘사하는 데에도 쓰이게 되었다고 말한다. 즉 초콜릿, 게임, TV, 섹스, 명품 등에 쓰이게 된 것이다.

그는 이런 변화가 인간의 자율성과 주체성, 곧 이성을 존중하는 문화가 자리 잡게 되었기 때문이라고 설명한다. 아마 그는 먹어서는 안 되는 초콜릿을 먹는 것, 또는 해서는 안 될 게임을 하는 것이 개인의 의지이며 사람들이 이를 존중함으로써 그런 행동에 중독이라는 단어를 붙이게 되었다고 말하는 듯하다. 그러나 이러한 변화는 이 글에서 말한 것처럼, 정확히 그의 말과는 반대되는 이유 때문일 수도 있다. 지난 50년 동안 법정에서 정신이상은 중벌을 피할 수 있는 이유가 되었고, 심신미약 상태 역시 형벌이 경감되는 이유였다. 이는 사람들이 과거와 같이 인간의 이성이나 의지의 힘이 그렇게 강하지 않다는 사실을 깨달았기 때문이다. 즉 초콜릿을 먹고 싶지 않다는 의지에도 불구하고, 또는 게임을 하고 싶지 않다는 의지에도 불구하고 인간은 자신의 본능을 참지 못하며, 그 때문에 이런 현상에 중독이라는 단어가 사용되기 시작했을 수도 있다. 이는 인간의 이성과 의지가 본능과 호르몬보다 약하다는 것을 대중이 받아들이게 되었기 때문이고, 곧 과학이 인문학을 자신의 아래로 끌어내리고 있는 현실, 유물론이 종교를 위협하고 변방으로 몰아내고 있는 현실과 일치한다.

뇌가 증명한다. 인간은 단순한 생명일 뿐이다

| 뇌과학의 진화 |

　지난해 과학계를 흥분시킨 가장 큰 프로젝트 중 하나는 바로 뇌에 관한 것이다. 유럽연합의 '인간 뇌 프로젝트Human Brain Project, HBP'는 최신 뇌과학 지식을 슈퍼컴퓨터에 넣어 인간의 뇌를 시뮬레이션하는 것을 목표로 하고 있다. 또한 미국 역시 유사한 규모의 '혁신적 신경기술을 통한 뇌 연구Brain Research through Advancing Innovative Neurotechnologies, BRAIN' 프로젝트로 뇌지도를 완성하려 하고 있다. 이런 프로젝트가 바로 인간이란 무엇인가를 묻는 직접적인 과학의 시도임은 두말할 것이 없다.

　특히 미국의 뇌지도 프로젝트에서 핵심적인 역할을 하고 있는 MIT의 세바스찬 승(승현준) 교수는 '커넥톰connectome'이라고 부르는 뉴런들의 연결 상태를 그대로 본떠 뇌의 비밀을 풀고자 시도하고 있다. 이는 물리적 상태를 통해 보다 고차원적인, 정신적인 상태를 해석하려는 시도일 뿐 아니라, 본질적으로 오직 물리적 상태만이 우리 자신에 대해 말한다는 것을 말해주는, 가장 유물론적인 접근이다. 그리고 이러한 변화

■MIT 승현준 교수(왼쪽)와 커넥톰(오른쪽)

들, 곧 인간을 특별한 존재가 아니라 하나의 자연현상으로 보도록 만든 변화가 이 시대의 과학이 인간에게 주는 가르침이다.

또한 이런 가르침은 '만들어진 행복'이 갖는 한계를 알려준다. 이성이 감정을 완전히 제어한다는 것은 신화일 뿐이다. 적어도 '즐기라'는 명령, 동의, 다짐에 따라 즐기는 것은 내부로부터 비롯된 진정한 즐김과는 다를 것이다. 따라서 즐기라는 명령은 강압적이고 무책임할 뿐만 아니라 비과학적인 표현이 되는 것이다.

진정한 자기계발, 인간 탐구에서 시작하라
| 자기계발은 허구다 |

이제 결론을 향해 나아가자. 지난 200년 간, 과학의 발전은 인간을 바라보는 관점에 있어서 급격한 변화를 가져왔다. 근대 과학이 인류에게 선사한 인간의 이성, 합리성에 대한 믿음과 이를 바탕으로 한 자신감은 진화심리학과 행동경제학, 뇌과학 등의 발달과 함께 인간의 불완전성과 한계에 대한 인식으로 바뀌었다. 이는 인간의 의지에 모든 것을 맡기는 방법으로는 현실의 개선이 어려울 것이라는 한계를 말해주는 것이다.

앞으로 인간이 의지를 통해 바꿀 수 있는 것과 없는 것을 구별하는 것은 점점 더 중요해질 것이다. 바꿀 수 있는 것에 대해 우리는 교육하고, 시도하고, 노력해야 할 것이다. 그리고 바꿀 수 없는 것에 대해서는 수용하고, 이해하고, 대책을 찾아야 할 것이다. 적어도 어느 한 가지 관점, 예를 들어 '당신은 할 수 있다'고 외치며 '나는 할 수 있다'를 따라 외치라고 강요하는 무책임한 주장들은 점차 외면당할 것이다.

한 인간의 학문적 성숙은 지적 겸손을 낳는다. 인류 역시 성숙을 통해 자신의 한계를 인정하게 되었고, 이는 자연스러워 보인다. 인류는 특별하지 않다. 인류는 진화의 기나긴 역사에 존재하는 하나의 기특한 과정일 뿐이다. 그리고 인류가 기특한 가장 큰 이유는 바로 인류가 스스로 특별하지 않다는 것을 인정했다는 데 있을 것이다.

이효석

뉴스페퍼민트 대표. 1975년 진주에서 태어났다. 경남과학고를 조기 졸업하고 KAIST 물리학과에서 학사, 석사, 박사 학위를 받았다. 전자통신연구원을 거쳐 2008년부터 하버드대학교 전자과에서 무선통신 분야를 연구하고 있다. 공저한 저서로 《엑소더스 코리아》, 《하버드는 공부벌레 원하지 않는다》가 있으며 《내일의 경제》를 공역했다.

전통 어젠다의 반격

경제

자본주의 대논쟁 이후…
한국 자본주의의 방향은?

민주적 자본주의의 미래

2014년 토마 피케티(Thomas Piketty)의 《21세기 자본(Capital in the Twenty-First Century)》이 국내외적으로 화제가 되었다. 미국 뉴욕타임스와 아마존에서 베스트셀러에 등극했고, 마침내 한국에서도 베스트셀러 1위를 차지했다.

한 가지 재밌는 사실은 이 책도 호킹지수(Hawking Index)에 포함되었다는 사실이다. 호킹지수는 아마존 킨들(Kindle)에서 구입한 책을 대상으로 독자들이 몇 페이지까지 읽었는지를 퍼센티지로 나타내주는 지수를 말한다. 월스트리트저널(Wall Street Journal) 기사에 따르면, 피케티의 《21세기 자본》은 2.4퍼센트를 기록했다. 즉, 700페이지가 넘는 책에서 26페이지를 넘게 읽은 사람이 거의 없다는 말이다.

난해한 교양서임에도 왜 전 세계 사람들이 이 책에 열광했을까? 결국 대다수의 사람들이 투명성과 효율성을 핵심으로 하는 자본주의에 의구심을 던지고 있다는 것을 엿볼 수 있다. 노동의 가치

보다 자본의 가치가 더 크다는 피케티의 말에 사람들이 큰 쇼크를 받은 것이다.

　나아가 국가의 역할에 대해서도 의문을 제기하고 있다. 열심히 일을 해도 생활은 나아지지 않고 '부익부 빈익빈', '불평등' 현상만 가중되고 있는 현실에 대해 강한 불만을 드러내고 있다.

　2015년. 세계 자본주의는 이러한 불평등과 불균형을 해소하기 위한 대안을 준비해야 하는 시점을 맞았다. 한국 자본주의 또한 예외가 아니다. 그동안 논의되어왔던 경제민주화가 단순 구호로 끝나는 것이 아니라 구체적인 실행 플랜이 나오는 한 해가 되어야 할 것이다. 이 장에서는 경제와 정치의 조합, 즉 자본주의와 민주주의가 이상적으로 결합해야 하는 당위성과 한국적 현실에서 민주적 자본주의가 어떤 형태가 되어야 하는지를 살펴본다.

자본주의 위기, 무엇이 문제인가?

| 불평등의 가속화 |

2008년 경제위기 이후, 이른바 선진 자본주의 국가들은 다양한 내적 진통을 겪고 있다. 부의 집중화와 양극화된 소득 구조, 높아진 고용 및 임금 불안정성, 저성장, 그리고 높은 실업률로 인한 사람들의 불안 심리와 좌절감 등의 제반 상황은 경제민주화, 사회적 경제, 사회적 정의의 문제에 대한 관심을 촉발시켰다. 아울러 부의 불평등 구조의 변화를 분석한 토마 피케티나 정의에 대한 철학적 성찰을 다룬 마이클 샌델Michael Sandel 같은 학자들의 저서가 불티나게 팔리고 스타덤에 오르는 현상으로까지 이어졌다.

이러한 불안한 상황을 촉발한 요소들은 무엇인가? 한편으로는 우리가 살고 있는 현대 자본주의적 경제체제가 직면한 많은 문제들이 있다. 기술의 발전에 따른 인적자원의 수요와 공급 간의 불일치에 따른 문제, 탈산업화와 서비스 경제화, 경제적 세계화에 따른 산업구조의 변동 및 노동자들의 협상력 약화, 제2차 세계대전 이후 급속한 경제적 팽창과 자본주의의 번영을 이끌어냈던 다양한 기술적, 산업적, 정책적 조건들의 변화 등 현재 많은 국가들이 겪고 있는 어려움들은 자본주의적 생산 체계나 시장의 문제에 기인한 측면이 크다.

하지만 한편으로 이러한 위기 상황은 자본주의 그 자체의 문제만이 아니라 정치의 문제이자 곧 민주주의의 문제라는 지적이 등장하고 있다. 노벨 경제학상을 수상한 조셉 스티글리츠Joseph Stiglitz나 폴 크루그먼Paul

폴 크루그먼(왼쪽)과 조셉 스티글리츠(오른쪽)

Krugman을 비롯한 많은 학자들과 전문가들은 미국의 높은 수준의 불평등이 정치적 불평등으로 이어져왔다고 주장한다. 이러한 정치적 불평등은 사회 구성원들에게 영향을 미치는 여러 가지 '게임의 룰'을 바꾸었고, 이는 더 높은 경제적 불평등으로 이어지며, 결과적으로 더 심각한 정치적 불평등을 낳았다는 것이다.

그림 1에서 나타나는 경제적 불평등과 정치적 불평등 간에 작용하는 양의 되먹임positive feedback 문제를 해결하기 위해 스티글리츠는 무엇보다도 조세정책의 개혁이 필요하다고 주장한다. 높은 수준의 불평등과 실업률, 중앙 및 지방정부들의 엄청난 적자, 낮아진 중위소득과 줄어드는 중산층 등의 문제는 세금의 문제와 직접적으로 연관이 있다는 것이다. 예를 들어, 미국 정부 세수稅收 중 법인세의 비율은 1943년에 40퍼센트였던 반면, 2012년에는 10퍼센트 미만으로 하락했다. 세수가 줄어든 주요 원인 중 하나는 엄청난 수익을 거두는 초대기업들이 세금을 회피하기 위해 회사의 '국적'을 바꾸거나, 해외로 도피하여 본국에 세금을 거의 내지 않는 '합법적' 수법을 사용하기 때문이다. 이로 인해 미국의 대기업과 부자들이 막대한 현금자산을 가지고 있어도 정부는 실질적

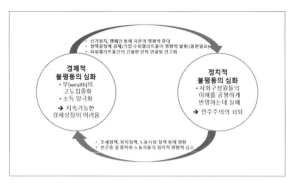

그림 1. 자본주의의 위기

세금을 창출해내지 못하고 있으며, 이로 인해 경제성장이 이루어지지 않는다고 진단한다. 더불어 성장이 더딘 탓에 재분배 효과를 거의 낳지 못하고 있고, 이는 실업과 경기쇠퇴로 이어진다는 것이다. 스티글리츠는 미국이 직면한 경제·사회적 측면의 심대한 문제들을 해결하기 위한 다양한 조세정책 수정방안을 내놓는다.[1]

경제와 정치 불평등, 그 해결을 향한 노력들

| 민주적 자본주의의 필요 |

이는 근래에 크게 유명세를 타고 있는 토마 피케티의 주요 주장 중 하나인, 현 자본주의의 높은 불평등 문제를 해결하기 위해 전 세계적 수준의 개혁적인 세금정책을 펼쳐야 한다는 이야기와 비슷하면서도 미묘하게 다르다. 스티글리츠의 주장은 높은 불평등 자체가 피케티의

주장처럼 자본주의의 '본질적인 속성'이라기보다는 잘못된 세금정책으로 인해 자본주의하에서의 불평등이 심화되었다는 것이다. 즉, 소득의 양극화나 부의 고도 집중화 같은 문제들이 어쩔 수 없는 자본주의의 자연스러운 경향이 아니라, 국가가 제도화한 정치적·정책적 장치를 통해 모양이 잡혀진 것이라는 것이다. 자본주의 체제가 자원을 배분하는 방식이 있다고 할 때, 그것은 상당 부분 정치적 시스템을 통해 갖추어 놓은 길을 따라 배분된다. 자원의 분배와 재분배 과정에는 그로부터 혜택을 보는 사람들이 있는 반면 반드시 쓴맛을 보게 되는 사람들도 있다. 이는 본질적으로 정치적 과정인데, 이러한 정치적 프로세스에 심각한 문제가 있다는 의견이 2008년 경제위기를 기점으로 본격적으로 대두되기 시작했다.

1980년대부터 전 세계적 경향이었던 신자유주의의 흐름이 2008년 경제위기를 기점으로 하여 이와 같이 '사회'를 보호하는 흐름으로 바뀌고 있는 것이다. 그러나 이것은 완전히 새로운 트렌드라기보다는 역사의 반복이라고 할 수 있다. 80년대에 신자유주의로 흐름이 바뀌기 이전, 특히 1940년대부터 70년대의 기간 동안에는 정반대의 시대정신과 경제적 여건이 작동했다. '거대한 압착Great Compression'으로 불릴 정도로 높은 수준의 경제적 평등, 높은 수준의 사회보장 프로그램, 높은 고용 안정성과 노조 조직률, 국가의 적극적인 개입 등이 특징인 이 시기를 생각한다면 역사가 마치 장기간에 걸쳐 반복되는 것처럼 보일 것이다. 이러한 경향성은 정치경제학자 칼 폴라니Karl Polanyi가 1944년에 쓴《거대한 전환The Great Transformation》이라는 저서에서 발견된다. 그는 19~20세기의 산업사회를 조직했던 원칙으로 '이중운동double movement'을 제시했다. 폴라니에 따르면 산업사회는 한쪽에는 자유방임과 시장의 유연성flexible markets을 기조로 삼는 시기와 패러다임이 있고, 다른 한쪽에는 사회보장과 안정성을 추구하는 시기와 패러다임이 있어 마치 거대한 추가 좌우로 진동하듯이 그 둘 사이를 왔다 갔다 한다는 것이다.

이러한 배경을 바탕으로 현재 경제학, 정치학, 사회학 등 정치경제학을 아우르는 제반 사회과학 분야에서 여러 가지 담론이 오가고 있다. 특히 적절한 견제와 감시를 받지 않은 자본주의의 질주가 낳은 다양한 부작용들로 인해 자본주의 자체도 여러 어려움에 빠지는 결과를 볼 수 있다. 더불어 '21세기 자본'의 문제를 풀기 위해 그에 맞는 '21세기의 민주주의'가 정립되어야 한다는 문제의식이 커지기 시작했다. 현 정부의 4대 국정기조 중 한 가지가 경제민주화다. 이렇게 자본주의의 수정과 보완에 대한 본격적인 관심이 IMF시대로부터 형성된 패러다임을 거친 후 한국 경제에 중요한 화두로 등장했음을 알 수 있다.[2]

물론 민주주의와 자본주의는 근본적으로 다른 범주에 속하는 개념들이다. 민주주의는 권력과 강제력을 어떻게 배분할 것인가에 관한 문제이고, 자본주의는 어떠한 제도적 장치를 통해 물질적 자원을 배분할 것이냐에 대한 문제이기 때문이다. 하지만 우리가 사는 사회는 정치의 영역 따로, 경제의 영역이 따로 존재하는 공간이 아니다. 오히려 양자를 구분하는 구분선이 잘 보이지 않는 형태로 긴밀하게 얽혀 있는 상태로 우리 사회의 기본 틀을 구성하고 있다. 때문에 개념적 차원이 아닌 현실적 차원에서 민주주의는 자본주의의 모양새를 잡고, 민주주의 또한 자본주의가 작동하는 방식을 규정하기에, 민주적 자본주의라는 것을 하나의 유기체로 보아야 한다.

민주주의와 자본주의의 결합, 어떻게 접근할 것인가?

| 성립 조건들 |

문제는 그동안 우리나라의 정치 이데올로기적 지형에서 민주주의와 자본주의의 결합을 공산주의 내지 사회주의의 대척점에 있는 것 정도로 보면서, '민주적 자본주의'라는 것이 어떤 균일하고 단일한 모습이 있는 것으로 가정하는 정치적 인식론을 유지해왔다는 것이다. 이는 자본주의와 공산주의가 대립하던 냉전시기에는 어느 정도 유용한 프레임이었는지 모르겠으나 21세기의 민주적 자본주의 체제 앞에 산적한 문제들을 풀기에는 도움이 되지 않는 접근이다.

민주적 자본주의라는 것의 이론적·이념적 바탕은 민주적 자본주의라는 용어를 거의 처음 명시적으로 사용한 마이클 노박Michael Novak의 대표적인 저작《민주자본주의의 정신The Spirit of Democratic Capitalism》에 나타난다. 그 저서에서 노박은 민주적 자본주의는 1) 창조적인 역동성과 경제적 인센티브를 기반으로 한 자유시장 경제, 2) 개인들이 공평하게 정치적으로 대표될 수 있는 법체계를 갖춘 민주주의적 정체政體, 그리고 3) 개인을 존중하는 다원주의적 문화와 공동체의 가치가 잘 융합되어 있는 도덕적, 자유주의적 문화라는 세 가지 요소를 갖추고 있다고 설명한다. 하지만 그

마이클 노박(왼쪽)과 그의 책 《민주자본주의의 정신》(오른쪽)

143

러한 민주적 자본주의라는 용어가 엄밀히 말하면 구체적으로 정의된 개념이라고 하기는 힘들다. 민주적 자본주의라는 이념의 철학적 바탕을 제시하고 원리적 측면에서의 방향성을 제시해줄 수는 있으나, 민주적 자본주의가 구체적으로 민주주의를 어떻게 실천하자는 것인지, 자본주의 시스템을 어떻게 갖추자는 것인지에 대한 세세한 각론을 정책적으로 제시하는 것은 아니다. 같은 '민주적 자본주의' 체제라 하더라도 그 안의 다양한 국가들에 걸쳐 다양한 방식으로 그것의 변주가 나타날 수 있다. 이는 민주주의 또한 넓은 스펙트럼을 보이고, 자본주의 또한 하나로 정해져 있는 것이 아니기 때문이다.

흔히 '자본주의'라고 할 때 당연히 민주주의적 정치체제를 바탕으로 하고 있다는 가정을 하기 쉽지만, 실제로 자본주의와 민주주의 간에는 필연적 연관성이 없다. 예를 들어 중국과 같이 정치적으로는 사회주의이면서 경제적으로는 자본주의의 양태를 띄는 사회주의적 자본주의socialist capitalism 혹은 국가 자본주의state capitalism가 있고, 권위주의적 발전국가의 경우처럼 민주주의의 발전이 미성숙한 경우에도 자본주의적 생산과 축적체제는 왕성하게 발전하는 것을 볼 수 있다.

그리고 민주주의 또한 민주주의 국가인가 아닌가 하고 이분법적으로 판단할 수 있는 성격이 아니다. 민주주의라는 정치적 시스템은 그 발전과 성숙의 정도에 단계적 차이가 있으며, 끊임없이 전진하거나 후퇴하는 '과정process'으로만 존재하는 것이지 정적으로 완성되어 있는 성질의 것이 아니다. 민주주의의 척도를 평가하는 프리덤 하우스Feedom House라는 기관에서 제시하는, 민주주의 사회가 충족해야 하는 기본적인 22가지 항목에 사회적 평등, 숙의 민주주의, 갈등의 평화적 해결 같은 사회의 질이라고 할 수 있는 섬세한 영역까지 모두 고려한다면 민주주의를 측정하는 척도가 얼마나 복잡한 것인지 알 수 있다. 또한 정치사회학자 찰스 틸리Charles Tilly의 연구가 보여주듯이 민주화된 국가라고 하더라도 민주화 정도가 후퇴하는 탈민주화de-democratization도 얼마든지 발생할 수 있다. 정치학자 래리 바텔스Larry Bartels의 저서《불평등 민주주의Unequal Democracy》는 민주주의라는 제도가 정치적 평등을 보장하지 못한다는 것을 20세기 중반의 데이터를 통해 증명하고 있다.

자본주의 또한 다양한 형태의 모습을 보여준다. 주요 시장 메커니즘, 노사관계, 노동시장, 교육 시스템, 기업 간 관계, 자산 특정성 등에 따라 자유주의적 시장경제liberal market economies, LME, 조정된 시장경제coordinated market economies, CME, 그리고 복지 시스템의 유형에 따라 다시 서너 가지 이상의 복지국가 자본주의 유형으로 나뉘며, 민주주의가 제대로 제도화되지 못한 형태의 정실 자본주의나 국가 자본주의 등으로도 나뉜다.

이 때문에 민주적 자본주의라는 형태로 결합하는 방식은 다양할 수밖에 없다. 반드시 민주주의가 발전한 상태로 결합된다는 보장도 없고, 자본주의가 특정한 형태로 수렴될 수도 없는 것이다. 이 때문에 한국사회가 현재 추구하는 민주적 자본주의를 지속적으로 진전시키고자 한다면, 어떠한 형태의 결합이 한국의 맥락에 맞는지, 그리고 한국인들의 전반적인 이념적 성향에 보다 쉽게 다가갈 수 있는지에 대한 고민이 있어야 한다.

인간다운 삶의 필수 가치를 반영한 민주적 자본주의
| 개인과 공동체의 절묘한 균형 |

그렇다면 민주적 자본주의라는 것은 '좌우'라는 이데올로기적 지평에서 어디쯤 위치하고 있는가? 보는 관점에 따라 다를 수 있겠지만, 그것의 기본가치는 좌우의 스펙트럼에서 중도와 그것을 둘러싸는 좌우의 넓은 영역에 해당한다고 볼 수 있다. 민주적 자본주의가 도덕주의적 원칙들을 경제적 영역의 핵심으로 가지고 오는 경향은 중도의 좌측에 있는 이데올로기적 입장과 조응하는 측면이 있음을 비교적 쉽게 볼 수 있다. 하지만 동시에 중도의 우측과도 일맥상통하는 면이 있다. 보수주의를 구분 짓는 기준은 문화적, 경제적, 정치적 측면 등 여러 가지가 있는데, 그중 한 가지 방식은 권력, 즉 힘의 집중이 어떠한 방식으로 이루어지느냐에 대한 태도에 기반한다. 한 가지 부류의 보수주의는 권력이 중앙에 강하게 집중되어 있는 것을 선호하며, 그것을 바탕으로 한 질서와 안정을 희구한다. 또 다른 종류의 보수주의는 권력이 어떠한 방식으로든 특정 세력에 집중되는 것을 거부하고 지역 수준에서의 공동체 통합과 건전한 공동체의 가치를 유지하는 데 중점을 둔다. 후자는 예를 들면 미국의 농촌지역이나 비교적 작은 규모의 마을에서 발견되는 종류의 보수주의적 가치관이다. 민주적 자본주의는 후자에 해당하는 보수주의적 이데올로기에 비교적 더 강한 친화력, 막스 베버Max Weber가 말하는 선택적 친화성elective affinity을 보여준다고 할 수 있다.

물론 이데올로기적 입장이 달라짐에 따라 민주적 자본주의의 어떠한 측면을 강조하느냐가 달라질 것이다. 이데올로기의 스펙트럼에서 좌측에 있는 사람들은 민주적 자본주의의 민주적 측면, 즉 도덕주의적 측면, 빈곤문제에 대한 적극적 관심에 우선순위를 둘 것이고, 우측에 있는 사람들은 경쟁을 바탕으로 한 다이내믹한 자유로운 시장경제에 초점을 둘 것이다. 이러한 특징은 민주적 자본주의

▌〈궁핍으로부터의 자유〉 노먼 록웰 작(1943년)

를 끊임없는 이데올로기적 대립과 정치적 의견의 충돌로 이어지게 할 수도 있지만, 또 한편으로는 그 안에 통합과 연대의 실마리를 품고 있다. 민주주의와 자본주의는 공히 '자유'라는 것을 추구하는데(정치적 자유와 경제적 자유), 자유란 지극히 개인적인 것이기도 하면서 동시에 사회적인 것, 공동체적인 것이다. 자유라는 가치에 대한 믿음은 내가 자유로울 권리가 있다는 믿음인 동시에 타인 또한 자유로워야 한다는 타인에 대한 긍정까지도 포함하는 것이고, 자유의 범위는 정치적인 영역을 넘어서 경제적, 물질적 영역까지도 포함될 수 있다.

노먼 록웰Norman Rockwell의 〈궁핍으로부터의 자유Freedom from Want〉를 보자. 이 그림은 미국의 프랭클린 루즈벨트Franklin Roosevelt 대통령이 '네 가지 자유Four Freedoms'라는 주제로 연설한 것에 착안하여 그린 것인데, 여기서 네 가지 자유는 발언의 자유, 신앙의 자유, 궁핍으로부터의 자유, 공포로부터의 자유를 의미한다. 궁핍으로부터의 자유는 인간이라면 인간답게 살기 위한 기본적인 조건들—의식주, 교육, 사회적 안전망—등의 기본

적 인권들을 누리고 살 수 있도록 하자는 기조인데, 이를 보면 자유라는 개념에는 물질적인 것도 포함되며, 또한 공동체가 공동체 구성원이라면 누구나 인간답게 살도록 하자는 함의도 가지고 있음을 알 수 있다. 따라서 민주적 자본주의를 진전시키고자 할 때 이러한 개인과 공동체 사이의 절묘한 균형점을 복잡한 한국적 실정에 맞게 잘 찾는 것이 무엇보다 중요한 과제라고 할 수 있으며, 민주적 자본주의의 성패는 거기에 달려 있다고 할 수 있다.

한국형 민주적 자본주의란 무엇인가?
| 민주적 자본주의의 미래 |

그렇다면 구체적으로 어떠한 과제들이 요청되는가? 민주적 자본주의의 미래는 어떠할 것인가? 여러 가지 가능성이 있겠지만 다음과 같은 요소들에 의해 크게 영향을 받을 것이라고 본다.

첫째, 앞서 이야기했듯이 세금의 문제다. 조세정책은 단순히 재분배의 기능만 있는 것이 아니라 중산층을 키우고 유효수요를 늘림으로써 성장을 촉진하여 보다 평등한 모습의 사회경제적 번영('번영'과 '성장'은 다르다)을 가져다줄 수 있는 방향으로 디자인되어야 한다. 현재 우리나라의 세법 개정안들을 살펴보면 반드시 그러한 방향으로 가고 있다고 말하기는 힘든 실정이다. 또한 세금이 어떠한 곳에 어떻게 '투자'될 것인지에 대해 투명하게 알리고, 보다 폭넓은 사회적 공감대를 얻어 조세저

항을 낮출 수 있도록 해야 한다. 사람들이 조세 시스템이 공정하지 않다고 생각한다면 조세저항 또한 크다. 세율이 높은 북유럽과 비교적 낮은 미국의 경우를 비교하더라도, 훨씬 많은 세금을 내는 북유럽인들이 오히려 미국인들보다 조세저항이 훨씬 낮은 것으로 나타난다.

둘째로, 권력의 집중화를 막아야 하는데 특히 기업 및 경제의 수퍼엘리트들, 그리고 재벌 기업들이 정책이나 판결에 직접적 영향력을 행사하지 않도록 제한하는 것이 무엇보다 중요하다. 정부와 입법기관에 대한 기업들의 영향력이 매우 심한 형태로 제도화되어 있는 나라가 바로 미국이며, 이는 결코 민주적 자본주의의 바람직한 모습이 아니다. 래리 바텔스는 현재 미국의 자본주의를 '새로운 도금 시대the New Gilded Age'(도금 시대는 부정부패가 만연하고 독점자본이 지배했던 19세기 말의 미국 사회상을 지칭)라고 불렀다. 돔호프Domhoff 또한 그의 유명한 고전적 연구에서, 미국을 실질적으로 지배하는 것은 평범한 사람들이 아니라 막강한 부를 바탕으로 자신들의 이해에 따라 정부의 정책과정에 영향을 미치고, 선거자금 제공 및 로비활동을 통해 정치적 권력을 행사하는 경제 엘리트들이라는 것을 증명하고, 그것을 지속적으로 연구해왔다. 이러한 것을 견제하지 못한다면 한국에서 진정한 민주적 자본주의는 확립될 수가 없다고 봐도 무방하다.

마지막으로 제도의 공정한 집행, 법에 따른 질서 확립, 공정한 경쟁이 가능한 시장 환경을 만드는 일 등이 필요할 것이다. 이에 대한 토의는 현재 정부와 한국사회의 지식인 계층에서 이미 충분하게 이루어져왔는데, 이제는 그러한 논의들이 실질적인 제도화로 연결되어야 할 것이다.

민주적 자본주의의 도전

| 당면 문제들 |

　그렇다면 앞으로 위와 같은 문제들이 해결됨으로써 진정한 민주적 자본주의가 머지않은 미래에 성숙되고 발전된 형태로 우리 사회에 정착될 수 있을까? 불행히도 그렇지는 않다. 민주주의와 자본주의는 다루는 영역이 다를뿐 아니라 양자 간에 상충하고 모순되는 경향이 있음을 많은 학자들이 주장해왔다. 그 이유는 무엇인가?

　울프강 스트릭Wolfgang Streeck은 시장(자본주의)에서는 한계 생산성marginal productivity에 원칙적으로 자원이 분배되고 그리하여 시장의 힘이 사람들 간에 불균형하게 쏠리는 데 반해, 민주정치에서는 집합적 선택과 다수의 표결에 따른 사회적 요구 및 필요social need에 따라 자원이 분배된다고 하면서, 이 두 가지 원칙은 근본적으로 모순관계에 있다고 주장한다. 역사적 우연으로 민주주의와 자본주의 양자가 평화롭게 맞물려서 상존할 수 있었던 시기가 바로 자본주의의 전성기, 고도성장기의 예외적 시절이었는데, 사람들이 자본주의 사회에 대해 가지고 있는 기억이 주로 그때를 기준으로 하기 때문에 민주주의와 자본주의가 원래는 조화로운 관계에 있는 것으로 잘못 생각한다는 것이다. 요즘과 같은 재정긴축의 시기에는 자본축적을 위해 취해야 하는 정책과 시민들의 권리를 지켜주기 위한 정책 간에 갈등이 생길 수밖에 없으며, 이는 사회 전체적인 갈등으로 이어진다. 이는 정부가 경제성장률이 하락하는 상황에서 노동자들의 요구와 자본의 요구를 동시에 들어주어야 하는 어려움과도 맞물려 있다. 증가하는 불평등 및 양극화를 잡기 위한 노력과 견제를 다하지 않으면, 자유시장과 사적 소유권이라는 법의 테두리 내에서 대부분의 자원이 소수의 경제 엘리트에게 쏠리게 되고 이는 민주주의가 수행해야 할 정치적 자원의 배분에까지 영향을 미치게 된다. 때문에 민주적 자본주의는 태생적으로 불완전하고 불안정하며 그 안에 근본적 모순을 담고 있는 체제라는 지적 또한 숱하게 제기되어왔다.

앞으로 우리 사회에 어떠한 형태의 민주적 자본주의가 다가올 것인지에 대해서는 쉽게 예측할 수 없다. 민주주의와 자본주의 간의 잠재된 갈등이 현재로서는 쉽사리 풀리지 않고 있다는 것은 분명하다. 하지만 위에서 서술한 민주적 자본주의의 근본적 단점에도 불구하고, 그나마 조금이라도 더 조화로운 형태의 민주적 자본주의가 정착되지 않는다면, 매우 길고 어두운 터널을 뚜렷한 희망조차 없이 통과해야만 할 것이다

임동균

서울시립대학교 도시사회학과 교수. 서울대학교 사회학과에서 학사와 석사학위를 취득하고 하버드대학교 사회학과에서 박사학위를 취득하였다. 미국 터프츠대학교 사회학과 강사를 거쳐 서울시립대학교에 재직 중이다. 주된 연구 분야는 사람들의 정치적 태도 및 이데올로기적 의식에 영향을 미치는 사회심리학적 요인들, 복지정책과 여론 간의 관계, 기술과 불평등의 문제, 그리고 현대 중국사회 등이다.

교육

교육 불평등,
어떻게 출구를 찾을 것인가?
미국의 교육 불평등 해소법

부모의 소득 수준에 따라 학생들의 성적이나 대학 진학률이 크게 달라진다는 뉴스를 어렵지 않게 접한다. 한때 교육이 가져다주는 놀라운 사회계층 효과를 집약한 말로 '개천에서 용 났다'라는 말을 쓰곤 했다. 그러나 이 말은 이제 역사 속으로 사라지고 있다.

'소득계층별 자녀의 대학진학 격차 분석'(전북대학교 반상진 교수팀, 2013년 자료)을 보면, 월소득 400만 원을 초과하는 최상위계층 자녀들의 대학 진학률은 82.6퍼센트로 나타났지만 월소득 100만 원 이하의 하위계층 자녀들은 58.3퍼센트에 그쳤다. 이를 세분화해서 유명 대학 진학률로 살펴보면 그 격차는 더욱 커진다. 최상위계층의 한국 주요 10개 대학 진학률이 28퍼센트였지만 하위계층의 진학률은 1.6퍼센트로 그 차이가 17배에 달한다.

또 다른 통계를 보면 서울 전체 25개 구의 일반고 졸업생 중 서울대학교 합격자는 502명인데 (2014년 기준), 이중 강남 3구 출신이 251명으로 50퍼센트다(새누리당 박인숙 의원실, 2013년 자

료). 자녀의 학력과 소득을 결정하는 요인 가운데 부모의 학력과 소득이 미치는 영향력은 점점 더 커지고 있고 이러한 추세는 돌이킬 수 없는 것으로 받아들여지고 있다. 이러한 교육 불평등 문제를 어떻게 해결해야 할까?

한국보다 사회 불평등 정도가 심한 미국 역시 이러한 교육 불평등이 심화되기는 마찬가지다. 하지만 흥미롭게도 미국에서는 최근 교육 불평등 문제를 해결하기 위해 대학, 정부, 그리고 비영리단체들이 다각도로 혁신적인 방법을 시도하고 있다. 미국의 사례를 통해서 과연 교육 불평등 문제를 해결할 수 있는 것인지, 있다면 어떤 해결책이 있는지를 모색해보자.

피케티의 소득 불평등 이슈, 왜 중요한가?

| 소득과 교육의 상관관계 |

피케티 열풍이 말해주고 있듯 전 세계적으로 소득 불평등에 대한 관심과 논의가 뜨겁다. 많은 사람들이 세계화, 규제완화, 기술발전, 혹은 금융시장의 발전 등으로 인해 소득 불평등이 심화되고 있다는 것을 어느 정도는 인지하고 있었지만, 피케티 교수와 사에즈_{Emmanuel Saez} 교수의 연구가 발표되기 전까지 사람들은 소득과 부의 불평등이 얼마나 심각한지에 대해서 정확히 모르고 있었다.

피케티와 사에즈의 연구를 보면, 2012년 미국사회에서 소득 상위 10퍼센트가 미국 전체 소득의 50퍼센트 이상을 벌어들이고 있는데, 이 비율은 1917년 이후 가장 높은 수준이다. 상위 1퍼센트의 소득은 미국 전체 소득의 20퍼센트를 차지하고, 소득 하위 10퍼센트가 차지하는 소득은 상위 10퍼센트의 1/6에도 미치지 못한다. 소득 불평등 정도는 1970년대 말 이후 선진국을 중심으로 가속화되었고, 최근 중국과 같은 개발도상국에서도 가파르게 증가하고 있다. 2008년 금융위기라는 커다란 경제적 충격도 소득 불평등의 급격한 증가 추세를 꺾지 못했다. 한국도 이러한 흐름에서 벗어나 있지 않다. 피케티와 동일한 방법을 써서 국세청 자료를 바탕으로 한국의 소득 불평등을 연구한 동국대학교 김낙년 교수의 논문을 보면, 2012년 기준으로 한국에서 소득 상위 10퍼센트가 전체 소득에서 차지하는 비율이 45퍼센트로 나타난다. 이는 상위 10퍼센트의 소득 집중이 가장 심각한 미국에 근접하는 수준이다.[1]

█ 피케티(위)와 사에즈(아래)

　지난 10년간 소득 불평등에 대한 연구들이 사회과학 분야에서 꾸준히 쏟아져 나왔고, 다양한 관점에서 여전히 뜨거운 논쟁이 진행 중이다. 이 논쟁들 가운데 가장 중요한 질문을 꼽으라면 '왜 우리가 소득 불평등 문제를 심각하게 받아들여야 하는지'를 꼽고 싶다. 소득 불평등을 우려하는 사람들은 부모 세대의 소득 불평등이 자식 세대로 이어지고, 이것이 자식 세대에 가서 기회의 불평등으로 나타난다고 주장한다.

　기회 불평등의 문제는 단순히 사회적 정의라는 관점에서만 중요한 것이 아니라, 경제적 효율성 측면에서도 중요하다. 뛰어난 재능을 타고 난 사람들이 부모 세대의 가난 탓에 충분한 기회를 누리지 못해 제 능력을 발휘할 기회를 얻지 못하거나, 반대로 능력이 뛰어나지 않으면서도 부모 세대의 부나 영향력 덕분에 사회적으로 중요한 결정을 내리는 직위를 차지한다면 이는 사회 전체의 관점에서 인력과 자원을 적재적소에 배분하지 못한 것이 된다.

부모가 가난하면 자녀가 부자 되기 어려운 이유

부모의 소득과 아이 교육의 상관관계

기회의 불평등 정도를 엿볼 수 있는 하나의 지표가 바로 교육 분야다. 한국에서도 그렇듯이 전 세계 많은 나라에서 교육은 계층이동의 가장 중요한 수단이다. 과거보다 그 정도는 덜해졌지만 고등교육은 여전히 중산층으로 갈 수 있는 중요한 통로로 인식된다. 일반적으로 고등교육을 받은 사람들이 그렇지 않은 사람들에 비해서 더 소득이 높고 사회적으로 더 영향력 있는 지위를 차지한다. 교육 수준을 통해 인력 배분이 이루어지는 시스템에 대해서 사람들은 대체로 큰 거부감을 갖지 않는데, 그 이유는 바로 개인의 능력과 노력이 교육적 성취에서 중요한 역할을 한다고 보기 때문이다. 하지만 소득 불평등이 심화됨에 따라 이러한 생각에도 많은 사람들이 의문을 던지고 있다. 바로 부모 세대의 소득 불평등이 자녀 세대의 소득 불평등으로 고스란히 이어지고 있다는 우려 때문이다.

학생들이 쏟아부은 노력이나 재능이 아닌, 부모의 부나 교육 수준과 같이 타고난 환경이 아이들의 학교와 교육 성취도를 결정한다면 오늘날의 소득 불평등이 사회에 미치는 영향은 우리 세대에 머무르지 않고 세대가 지나도 계속해서 그 파급력을 가지게 된다. 물론 부모와 자식 세대의 교육 수준 사이에서 발견되는 상관관계나 소득의 상관관계만으로 기회의 불평등이 존재한다고 단정할 수는 없다.

하지만 여러 가지 통계 수치와 연구 결과는 부모의 소득이 자녀가 누리는 고등교육의 혜택, 혹은 명문 대학에 진학하는 비율에 미치는 영향력이 과거에 비해 커졌음을 증명하고 있고, 특히 저소득층의 재능 있는 학생들이 겪는 어려움은 소득 불평등이 확대되면서 점점 더 악화되고 있다.

2013년 하버드대학교 학생신문인 하버드 크림슨The Harvard Crimson이 신입생들을 대상으로 한 설문조사를 보면, 가족의 연간 소득이 50만 달러 이상이라고 응답한 신입생의 비율이 14퍼센트에 달했다. 즉, 신입생의 14퍼센트가 미국 전체 소득 분포에서 상위 1퍼센트 출신인 셈이다. 또한 2013년 신입생의 절반 이상이 가계 소득이 12만 5,000달러 이상이라고 답했는데, 미국 전체 인구의 중위 소득이 5만 달러라는 점을 고려할 때 이는 매우 높은 소득 수준이다. 부모의 소득이 4만 달러 이하라고 밝힌 학생은 전체 신입생의 15퍼센트에 불과했다.[2] 명문 대학에서 고소득층 학생의 비율이 증가하고 저소득층 학생들이 감소하는 것은 하버드대학교뿐만 아니라 미국의 여러 명문 대학, 그리고 한국에서도 쉽게 찾아볼 수 있다.

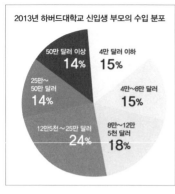

2013년 하버드대학교 신입생 부모의 수입 분포

50만 달러 이상 **14%**
25만~50만 달러 **14%**
12만5천~25만 달러 **24%**
8만~12만5천 달러 **18%**
4만~8만 달러 **15%**
4만 달러 이하 **15%**

하버드대학교 신입생의 부모 소득별 구분

왜 교육에서도 소득에 따른 성취 격차가 커지는 것일까? 여러 가지 이유가 있겠지만 부모의 소득에 따라 교육에 투자하는 시간과 자원의 차이가 지난 40년간 지속적으로 커졌기 때문이라고 보는 견해가 우세하다. 미국을 기준으로 1975년과 비교해 2012년에 대학 교육을 받은 부모가 자식과 함께 보내는 시간은 대학 교육을 받지 않은 부모들에 비해 두 배나 많았다. 1972년과 비교해보면 2006년에 고소득 가정에서 자식의 과외 활동에 투자하는 돈은 150퍼센트 증가했지만, 저소득 가정에서의 투자 증가율은 57퍼센트에 불과했다. OECD가 매년 실시하는 학생 학력평가에서 부모의 소득에 따른 아이들의 격차가 가장 큰 나라가 미국이었는데, 소득에 따른 교육비의 차이가 이렇게 크다는 점을 감안한다면 당연한 결과처럼 느껴지기도 한다.[3]

재능과 노력에 기반한 기회 균등이라는 측면에서 볼 때, 증가하는 소득 불평등의 가장 큰 피해자는 똑똑하고 열정은 있지만 주변 환경이 뒷받침해주지 못해 재능을 계발하는 데 어려움을 겪고 있는 저소득층 학생들이다.

스탠퍼드대학교의 캐롤라인 혹스비Caroline Hoxby 교수와 하버드대학교의 크리스토퍼 애버리Christopher Avery 교수는 능력 있고 똑똑한 저소득층 학생들이 우수한 성적에도 불구하고 명문 대학에 지원하는 비율이 현저히 낮은 것이 큰 문제라고 지적한다. 학업성취도가 비슷하지만 부모의 소득 수준에 따라 학생들의 대학 지원 성향에 큰 차이가 나는 이유에 대해서 두 경제학자는 다음과 같이 설명한다. 똑똑한 고소득층 출신 학생들은 다양한 정보를 자유롭게 이용할 수 있기 때문에 자신의 성적으로 입학할 수 있는 학교들에 지원한다. 반면 저소득층 출신의 똑똑한 학생들은 주변에 대학 입학과 관련해서 조언해줄 수 있는 부모나 친척이 없기 때문에 자신의 성적으로 입학 가능한 대학에 지원조차 하지 않거나 몰라서 못하는 경우가 많다. 실제로 미국에서는 저소득층 출신의 똑똑한 학생들 가운데 34퍼센트만 명문 대학에 입학하는 반면, 비슷한 성적을 올린 학생 가운데 고소득층 출신 학생들은 78퍼센트가 명문 대학에 입학하고 있다.[4] 소득 수준에 따른 교육 불평등은 시험 성적이나 대학 진학률에만 머무르지 않고 학교 밖에서 벌어지는 방과 후 활동에서도 확연히 드러나기 시작했다. 중산층이나 부유층 학생들은 방과 후에 다양한 스포츠나 취미 활동을 하며 시간 관리나 승부의 중요성과 같이 성공적인 삶에 필요한 능력들을 기르지만, 저소득층 학생들은 이런 능력을 발전시킬 기회를 거의 얻지 못하게 된 것이다.[5] 이제 아이들의 '근성'마저도 부모의 소득 수준으로부터 영향을 받게 된 것이다.

하버드대학교의 똑똑한 학생 키우기 프로젝트
| 소득 불평등 해소법 |

이렇듯 우리는 소득 불평등이 교육 불평등으로 이어지고 있는 많은

근거들을 접하고 있다. 우울한 현실이지만 미국의 경우 고등교육의 주체인 대학, 주정부와 연방정부, 그리고 많은 비영리단체가 이러한 문제들을 해결하기 위해서 다양한 노력과 실험을 진행하고 있다는 사실에서 희망을 본다. 우선 대학이 저소득층의 우수한 학생들을 더 많이 유치하기 위해서 어떤 노력을 하고 있는지 살펴보자.

　재능 있는 저소득층 학생들이 대학 교육을 받고자 할 때 가장 큰 걸림돌은 바로 학비와 생활비 부담이다. 이러한 부담을 줄여주기 위해서 미국의 많은 대학들은 성적이 아닌 필요에 기반한 장학금 제도를 실시하고 있다. 하버드대학교는 학부에 합격하면 부모의 경제적 조건이 학업에 걸림돌이 되지 않도록 철저하게 경제적 형편에 따라 장학금을 지급한다. 부모의 소득이 연간 6만 5,000달러 이하인 학생은 등록금을 전혀 내지 않아도 되고, 생활비가 포함된 장학금을 지급 받는다. 하버드 학부생 중 20퍼센트가 이 범주에 해당한다. 만약 부모의 소득이 6만 5,000달러에서 15만 달러 사이에 속하면 가계 소득의 10퍼센트 정도를 학비와 생활비로 부모가 부담하고 나머지는 학교 측에서 여러 기금을 통해 부담한다. 가계 소득이 15만 달러 이상이거나 다른 종류의 큰 자산을 가지고 있는 경우에는 소득과 재산 수준에 따라서 학비 부담이 증가한다. 하지만 주택 가격이나 은퇴 자산과 같은 재산은 이 계산에 포함되지 않는다.

　현재 하버드에 재학 중인 학부생 중 70퍼센트가 어떠한 형태로든 장학금을 받고 있고,[6] 대학 측에서는 합격한 학생들이 가계의 경제적 수준에 따라서 학비와 생활비를 얼마나 부담해야 하는지 쉽게 계산할 수 있도록 돕는 웹페이지를 운영하고 있다. 특히 저소득층의 경우, 장

▌하버드대학교의 학비 지원 사이트

학금 제도나 학교가 제공하는 혜택 등에 관한 정보를 잘 모르거나 쉽게 접할 수 없기 때문에 이러한 웹페이지를 통해 학교가 제공하는 혜택과 장학금에 관한 정보를 쉽게 얻을 수 있도록 돕고 있다.[7]

경제적 필요를 바탕으로 한 장학금 제도를 반대하는 사람들은 이러한 시스템 때문에 학생들이 공부를 열심히 하지 않는다고 주장한다. 그들은 학생들의 대학 성적이나 성취도에 따라 장학금을 수여해야 한다고 주장한다. 하지만 열심히 공부하는 학생들에게 그 성취를 보상하는 방법은 금전적인 보상 말고도 여러 가지가 있다.

하버드대학교의 경우는 단과 대학이나 전공별로 다양한 상이 있다. 뛰어난 졸업 논문을 쓰거나 의미 있는 공익 활동을 한 학생에게는 권위 있는 상을 수여함으로써 학생들의 노력이 빛나도록 만든다.[8] 열심히 노력하는 학생들이 실제로 원하는 것은 자신이 노력한 데 대해서 인정을 받는 것과 졸업 후 일자리를 구하거나 대학원에 지원할 때 이를 알릴 수 있는 기회다. 따라서 이러한 보상이 반드시 금전적인 혜택, 즉 성적우수 장학금의 형태로 이루어질 필요는 없다. 대학 입장에서도 공부를 잘하는 부유한 학생에게는 권위 있는 상을 부여하고, 금전적 도움이 절실한 저소득층 학생에게는 경제적 지원을 하는 것이 이익이다. 왜냐하면 성적이 뛰어난 고소득층 학생은 장학금을 받든 상을 받든 관계 없이 스스로의 미래를 위해 노력할 확률이 크기 때문이다. 반면 저소득층 학생은 성적 기반 장학금 제도하에서는 처음에 장학금을 받지 못하면 학비와 등록금을 벌기 위해 많은 시간을 학업이 아닌 노동에 써야 하고, 그러다 보면 공부를 할 시간은 점점 더 줄어들어 성적 우수 장학금을 받을 확률이 점점 낮아지는 악순환의 굴레에 빠지기 십상이다. 그러나 만약 경제적 필요에 따라 장학금이 지급된다면 입학 후 학업이나 다른 분야에서 소득에 따라 받는 영향이 적어지기 때문에 저소득층 학생들 입장에서는 훨씬 더 공평한 출발선에서 대학 생활을 할 수 있고 졸업할 확률도 높아지게 되는 것이다.

소득 불평등이 교육 불평등으로 이어진다는 인식이 확산되면서 비단 하버드대학교뿐 아니라 미국 내 많은 대학이 다양한 소득 계층 출신의 학생들을 선발하려고 각별히 신경 쓰고 있으며, 경제적 필요에 기반한 장학금 제도를 확대하고 있다.[9] 이런 노력의 결과, 실제 미국 학생들이 대학 교육에 지불하는 비용은 지난 15년간 거의 증가하지 않았다. 미국의 대학 등록금이 비싸기로 유명하다는 걸 생각하면 긍정적인 결과다.

하지만 1996년부터 2012년까지 미국 대학의 명목상 등록금과 실제 학생들이 지불한 금액을 비교해보면 큰 차이가 있다. 1996년 미국 평균 사립대학의 학비는 1만 8,700달러였고 학생들이 실제로 지불한 금액은 평균 1만 630달러였다. 2011년 기준으로 평균 등록금은 2만 8,500달러로 크게 올랐지만 실제 학생들이 지불한 등록금의 평균 금액

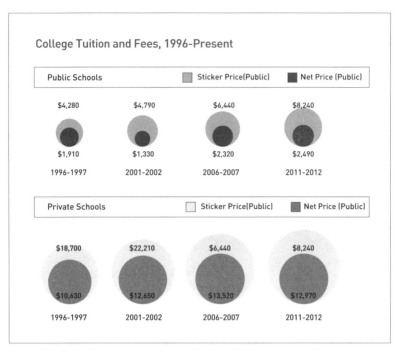

College Tuition and Fees, 1996-Present

| Public Schools | | ■ Sticker Price(Public) | ■ Net Price (Public) |

$4,280	$4,790	$6,440	$8,240
$1,910	$1,330	$2,320	$2,490
1996-1997	2001-2002	2006-2007	2011-2012

| Private Schools | | □ Sticker Price(Public) | ■ Net Price (Public) |

$18,700	$22,210	$6,440	$8,240
$10,630	$12,650	$13,520	$12,970
1996-1997	2001-2002	2006-2007	2011-2012

▌미국 대학 학비

은 1만 2,970달러로 상승폭이 훨씬 작다. 2006년과 비교하면 실제 지불한 금액은 오히려 감소했음을 알 수 있다.[10] 이는 많은 대학들이 경제적 필요에 기반한 장학금을 적극적으로 확대한 결과다.

경제적 필요보다 성적 기반으로 장학금을 주는 것이 왜 문제인지에 대한 논의와 토론도 활발하게 이뤄졌다.[11] 그러나 이러한 노력에도 불구하고 미국의 고등교육 비용은 여전히 OECD 국가 중 가장 높은 편이다. 그런데 OECD가 발표한 보고서를 보면 미국 다음으로 고등교육의 비용이 많이 드는 국가가 바로 한국이다.[12] 한국의 대다수 대학들이 여전히 장학금 제도를 성적에 기반하고 있다는 점을 고려해볼 때, 이는 저소득층 학생들이 대학 입학뿐만 아니라 대학 교육의 출발점에서도 어려움을 겪고 있을 가능성이 높다는 점을 시사한다. 미국 대학들의 다양한 실험들을 보면서 한국의 대학들 역시 저소득층 학생들을 적극적으로 포용하고 이들에게 공평한 기회를 주어야 한다. 그러한 맥락에서 지금껏 관행처럼 실시해온 성적우수 장학금 제도를 경제적 필요를 바탕으로 한 장학금 제도로 개편하는 방향에 관한 의미 있는 토론을 진행했으면 한다. 고등교육의 주체인 대학은 교육 불평등 문제를 수수방관해선 안 된다. 소득 불평등 문제는 대학에 입학하는 과정뿐만 아니라 대학 교육을 받는 과정에서도 학생들이 누리는 기회에 지속적으로 영향을 미치기 때문에, 이러한 문제의 심각성을 인식하고 새롭고 참신한 방식으로 해결하도록 적극적으로 노력해야 한다.

저소득층 학생에게 명문 대학을 권하는 주정부
| 새로운 실험들 1 |

소득 불평등과 교육 불평등에 관한 논의가 사회 내 다양한 그룹으로 확산되면서 미국 연방정부와 주정부들 사이에서도 이를 해결하기 위한 새로운 실험들이 진행되고 있다. 그 대표적인 예가 델라웨어 주의 실험이다.[13]

뉴욕타임스는 델라웨어 주 윌밍턴Wilmington시에 살고 있는 고등학교 3학년생 시드니 나이Sidney Nye의 이야기를 소개했다. 시드니는 아주 좋은

시드니 나이(위)와 잭 마켈 주지사(아래)

내신 성적과 함께 미국 대학입학시험인 SAT에서도 어느 대학에나 지원할 수 있는 높은 점수를 받았지만 델라웨어 주 밖에 있는 대학에 지원한다는 것은 생각도 해본 적이 없었다. 시드니의 부모는 각각 치과 조무사와 미용사로 일하고 있는데, 두 사람 다 대학을 나오지 않았고 부모의 소득으로는 대학 등록금은 고사하고 한 학교에 거의 100달러 가까이 드는 원서비를 대기도 어려운 형편이었기 때문이다.

하지만 다행히도 시드니가 대학 입학지원서를 낼 무렵, 잭 마켈Jack Markell 주지사가 'Getting to Zero'라는 프로그램을 시작했다. 이 프로그램의 목표는 SAT 점수가(2,400점 만점에) 1,500점이 넘는 고등학교 3학년 학생 전원을 대학에 진학시키는 것이었고, 델라웨어 주 공무원들은 2013년부터 전미대학위원회와 함께 델라웨어 주에 거주하는 SAT 점수 1,500점 이상인 우수 학생에게 대학 입학과 관련된 우편물을 발송했다. 이 우편물에는 저소득층 학생의 경우 최대 8개 학교까지 대학 원서 비용을 주정부에서 부담한다는 내용과 명문 대학 지원 과정에 대한 상세한 설명이 적혀 있었다. 특히 고등학교 상담 자문위원회와 주정부 공무원들은 저소득층 부모들이나 학생들에게 전화를 하거나 직접 만나서 대학에 입학지원서를 내는 과정이 복잡하고 어렵다는 이유로 진학을 포기하지 않도록 각별히 신경 썼다.

아직 신생 프로그램이라 성과를 판단하기에는 이르지만 지난해 이 프로그램의 대상자였던 1,800명 모두가 적어도 하나 이상의 대학에 지원을 했고 이들 중 98퍼센트가 가을에 신입생으로 입학했다. 시드니 역시 전체 지원자 가운데 5.07퍼센트만 합격한 스탠퍼드대학교에 장학생으로 입학했다.

마켈 주지사는 앞서 언급한 혹스비 교수와 애버리 교수의 논문을 소개한 기사를 읽고 저소득층 출신의 똑똑한 학생들이 여러 가지 어려움으로 인해 명문 대학에 지원조차 하지 않는다는 사실을 알고 이 프로그램을 시작하게 되었다고 말했다. 이 프로그램이 만들어낸 변화에서 알 수 있듯이 부유하거나 부모의 교육 수준이 높은 가정에서는 어려움이라고 생각해본 적도 없을 문제들 — 대학 지원에 필요한 비용이나 절차와 같은 — 이 저소득층 학생들의 대학 진학을 가로막는 큰 걸림돌이 되고 있는 것이다. 미국 연방정부 역시 교육부가 '정상으로의 경쟁 펀드Race to the Top Fund'를 도입해서 성공적인 교육개혁을 이룬 주정부에 보조금 40억 달러를 지급하는 정책을 실시하고 있으며[14], 이러한 연방정부의 정책은 미국 각 주정부들로 하여금 혁신적인 교육 방안을 내놓거나 더 양질의 교육을 제공하도록 동기를 부여하고 있다.

스탠퍼드대학교의 4퍼센트를 저소득층 학생으로 채우다
| 새로운 실험들 2 |

소득 불평등이 교육 불평등으로 확산되지 않도록 하는 노력은 비단 고등교육의 주체인 대학이나 정부에만 한정되지 않는다. 최근 저소득층 학생들의 명문 대학 입학을 돕기 위해 혁신적인 방법을 도입하는 비영리단체들이 증가하고 있는데, 그 대표적인 예가 퀘스트브릿지QuestBridge다.[15]

퀘스트브릿지

퀘스트브릿지는 캘리포니아 북부에 살고 있던 한 부부가 설립한 비영리단체다. 의사에서 의료기기 투자자로 변신한 남편과 창업가 아내는 능력이 뛰어난 저소득층 학생들을 명문 대학에 입학시키는 것을 돕고자 이 단체를 만들었다.[16] 현재 스탠퍼드대학교에 재학 중인 학부생 중 300명, 혹은 전체 학부생의 4퍼센트가 퀘스트브릿지를 통해 스탠퍼드에 입학했다.

퀘스트브릿지가 부모의 소득 격차에 따른 교육 격차를 줄인 방법은 혁신적이었다. 이들은 저소득층 가정의 경우 복잡한 학자금 지원과 같은 이야기로 대화를 시작하면 대화를 기피하거나 프로그램에 큰 관심을 보이지 않는다는 사실을 발견하고, 학생들과 그의 가족에게 아주 간단한 메시지를 먼저 보냈다. "만약 명문 대학에 합격하면 퀘스트브릿지가 어떻게든 모든 비용을 부담하겠다고 약속"한 것이다. 그리고 이 비용을 충당하기 위해 고심하던 맥컬러McCullough 부부는, 미국 로터리 클럽

Rotary Club이나 기업과 같은 기관에서 기부하는 30억 달러에 달하는 장학금이 주로 고등학교 3학년들이 졸업할 때 수여된다는 점에 주목했다.

맥컬러 부부가 볼 때 이 장학금은 학생들이 대학 진학 여부, 나아가 어떤 대학에 갈지 이미 결정된 뒤에 수여되기 때문에 그 효과가 미미했다. 대신 맥컬러 부부는 고등학교 2학년들에게 여름방학 프로그램이나 공짜 노트북 컴퓨터와 같은 혜택을 제공함으로써 일찍이 저소득층의 똑똑한 학생들이 대학에 입학하는 과정에 개입하려고 노력했다. 맥컬러 부부는 대학들의 협조와 지원을 얻어내기 위해서 수많은 학교의 입학처 관계자들을 만났고, 퀘스트브릿지 출신의 학생이 입학할 경우 첫 1년뿐 아니라 4년 내내 전액 장학금을 지원한다는 약속을 받아냈다. 현재 35개 대학이 퀘스트브릿지에 참여하고 있고, 이 숫자는 계속 늘어날 전망이다. 퀘스트브릿지의 실험은 복잡한 학자금 지원이나 장학금 지원 제도를 더욱 간편하게 만들 필요가 있음을 시사하는 한편, 기존에 기업이나 정부가 제공하던 장학금 제도가 매우 비효율적이라는 사실을 보여주고 있다. 지금은 퀘스트브릿지뿐 아니라 미국 전역에 저소득층 학생들의 대학 입학을 돕는 비영리단체들이 늘어나고 있다.[17]

미국 정부 역시 이러한 민간 분야의 활동을 적극적으로 돕고 있다. 미국 연방정부는 사회혁신 펀드Social Innovation Fund를 조성해서 지역 사회가 당면한 문제들을 해결하려는 민간 단체와 지역 정부의 활동을 적극 지원하고 있다.

사회혁신 펀드는 연방정부의 1억 7,700만 달러와 민간 분야의 지원금 4억 2,300만 달러를 바탕으로 현재 미국 37개 주의 217개 비영리단체를 지원하고 있다. 이 비영리단체들은 주로 시설이 낙후된 지역에 거주하는 저소득층의 삶을 개선시키기 위한 활동을 펼치고 있는데, 저소득층 학생들을 대학에 입학시키는 것을 목표로 하는 단체들도 포함되어 있다.[18]

불평등 해소를 위한 교육 혁신가 양성이 필요하다

| 교육 불평등 해소법 |

고소득자들이 정경 유착이나 지대 추구 행위rent-seeking를 통해서 부를 축적한 탓에 소득 불평등이 늘어났건, 급격한 세계화나 기술의 발전으로 인해 소득 불평등이 증가했건 한 가지 확실한 점은 바로 소득 불평등이 만들어낸 교육 불평등 문제가 결코 해결 불가능한 문제는 아니라는 점이다. 정부, 대학, 혹은 사회에게 요구되는 역할은 사회의 불가피한 변화가 초래하는 단점을 최소화할 수 있는 현명하고 혁신적인 정책을 제안하고 실행하는 것이다. 때때로 정부 정책이나 대학의 정책이 오히려 교육 불평등 문제를 심화시키기도 하지만, 앞서 소개한 사례들에서 볼 수 있듯이 소득 불평등이 초래하는 교육 불평등 문제를 줄이기 위한 노력 또한 다각도에서 이루어지고 있다. 미국 못지않게 소득 불평등과 교육 불평등 문제가 심각한 한국에서도 지금 실행되고 있는 많은 정책들이 얼마나 실효성이 있는지 고민해볼 시기다. 성적에 기반한 대학 장학금이 과연 효율적인지, 선한 의도로 만들어진 장학금들이 최선의 방식으로 배분되고 그 목적에 걸맞게 사용되고 있는지, 정부의 정

책이 변화하는 사회 환경을 충분히 반영하고 있는지 등을 검토해야 한다. '혁신'이라는 단어는 정부나 대학, 혹은 비영리단체와 자주 어울리지 않는다. 사람들은 첨단기기의 개발이나 웹페이지 개발과 같은 성과에만 혁신이라는 이름을 붙여주는 경향이 있다.

하지만 정부, 대학, 그리고 비영리단체에도 사기업 못지않은 혁신가가 필요하다. 우리 사회가 당면한 과제를 생각하면 이 필요성은 사실상 굉장히 절실하다.

유혜영

미국 밴더빌트대학교 조교수. 서울대학교 외교학과를 졸업했고, 2014년 5월에 하버드대학교에서 정치경제학(Political Economy & Government)으로 박사 학위를 받았다. 2014년 8월부터 밴더빌트대학교에 재직 중이다. 연구 분야는 미국에서 기업들의 로비가 규제 정책과 경제 정책에 미치는 영향, 외국 정부들의 미국 로비가 자유무역협정이나 외교 정책에 미치는 영향, 지역 정부의 로비와 미국  연방정부 예산의 배분, 정부 규제와 혁신 사이의 관계 등이다. 사람들에게 새로운 시각을 알려주는 외신을 번역해서 한국 독자들에게 공급하는 매체인 뉴스페퍼민트(newspeppermint.com)의 창업자 3인 중 한 명이다. 2012년 7월부터 지금까지 주로 경제와 정치 분야에서 1,000건이 넘는 외신을 번역했다. 교육 불평등과 대학 교육 커리큘럼 개혁에 관심이 많다. 와인과 테니스, 건축을 좋아한다.

언론

미디어, 더 이상 어렵지 않아요!

텍스트의 위기와 디지털 저널리즘

"글자를 모르는 자가 아니라 이미지를 못 읽는 자가 미래의 문맹자가 될 것이다."

_《이미지 인문학》 중에서

무슨 의미를 담은 문장일까? 사실 요즘 청소년들의 교과서만 봐도 쉽게 그 개념을 이해할 수 있다. 지금은 바야흐로 이미지(Image)의 시대. 세상이 디지털화 되면서 정보는 홍수를 이루었다. 그 과정에서 콘텐츠는 압축되고 알기 쉽게 해석되어야만 주목받을 수 있기에 많은 의미가 단번에 전달되는 그래픽이 중요해지고 있다. 최근 많은 언론사나 포털 사이트에서도 '인포그래픽'이라는 카테고리를 신설하고 있다. 인사이트 있는 그래픽의 기본이 된다는 측면에서, 데이터를 활용한 저널리즘에 관한 업계의 관심도 그 어느 때보다 뜨겁다.

정보전달의 매체가 문자와 텍스트에서 이미지와 사운드로 이동하는 것은 디지털 세대의 한 단면으로, 이미 많은 사람들이 후자 위주로 더 빨리 반응, 소통하는 경향성이 통계로 뒷받침되고 있다. 또한 더 이상 어려운 단어로 점철된 어설픈 선동이나 왜곡은 통하지 않는다. 원천 근거 데이터가 투명하게 공개될 때 더 많은 이슈와 공감으로 이어진다는 사실은 피케티 현상으로 증명되고 있다. 이러한 특성의 디지털 세대가 서서히 미디어 소비의 주체로 성장하고 있기 때문에 앞으로 변화는 더욱 가속화될 것으로 전망된다.

미디어 업계에서는 발등에 불이 떨어졌다. 더 이상 텍스트 위주로 정보를 전달할 수 없는 환경에서 언론의 위기감은 날로 높아지는 듯 보인다. 미디어는 새로운 세상을 맞아 어떤 방향으로 어떻게 흘러갈 것인가. 그 변화의 시작을 우리는 지켜보아야 할 것이다.

뉴스의 패러다임이 바뀌고 있다
| 일상으로 파고드는 서구 언론의 변화 |

올해 초 스위스에서 이탈리아로 이동할 때의 일이다. 한국인이 반 이상을 차지했던 우리 칸은 마치 KTX와 같은 풍경이었다. 풍성한 먹을거리를 사이에 두고 이야기꽃을 피우거나, 너도 나도 사진 찍기 삼매경이었다. 반면 외국인들은 전반적으로 꽤 정적인 자세로 고독하게 무언가를 읽고 있었는데, 궁금한 마음에 일어나 스트레칭 하듯 괜스레 복도를 한 바퀴 걸어보았다. 그때 시야에 들어온 한 유럽 신문의 모습은 나도 모르게 사진기를 들게 만들었다. 시원시원한 그래픽으로 표현한 그들의 신문이 어찌나 신기하던지, 한번 살펴봐도 되는지 묻고 싶을 정도였다. 멀찌감치 숨죽여 바라보고 있자니 그 면만 그런 것이 아니라, 2~3면에 한 면꼴로 과감하게 그래픽적이었다. '신문이 활자로 빽빽하게 채워져 답답한 것이 아니라 저렇게 귀엽고 깔끔하다니…' 나는 마치 문익점이 된 듯한 심정으로 그 광경을 조심스럽게 카메라에 담았다. 그리고 두 나라의 경계선에 있는 휴게소에 내리자마자 당장 양국의 신문을 몇 부 사버렸다. 미국, 일본, 영국 등의 사례를 주로 참고하는 한국 땅에 더 많은 시각을 전달하고 싶었기 때문이었다.

이후 그 신문들을 이곳저곳에 보여줬는데, 단풍이 드는 계절이 되

▌외국인이 보고 있는 신문. 그래픽을 활용해 명확한 메시지를 보여주고 있다.

니 국내에 유통되는 파이낸셜타임스Financial Times에서도 더 많은 면에서 그래픽 기사와 모바일 스타일의 디자인을 차용하는 것을 볼 수 있었다. 국내에서도 중앙SUNDAY, 연합뉴스, KBS, 월스트리트저널, 블로터닷넷, 뉴스타파, 뉴스퀘어 등 다양한 매체들이 나름대로의 방법으로 새로운 형태의 저널리즘을 실현하려는 움직임이 활발해졌고, 스스로 외부 교육 프로그램을 찾아갈 정도로 적극적인 젊은 기자 분들도 심심치 않게 만날 수 있었다. 이렇게 언론계가 걱정과 불안에 사로잡혀 우왕좌왕하기보다는 과감한 시도와 노력을 하게 된 배경은 과연 무엇일까?

전통매체에게 부족한 디지털 유통력, ICT 존재감
| 언론이 처한 위기의 본질적 원인 |

사실 늘 트렌드에 빠르고, 대중의 중심에 서있던 언론사들이 변화의 필요성을 느끼게 된 데는 전방위적인 업계의 경영위기가 컸다. 80년대 이전 출생자라면 누구나 아는 유력 전통 언론 워싱턴포스트The Washington Post지가 인터넷서점으로 시작한 아마존사에 매각될 때의 정신적 충격은 상당했다. 그러나 대형 디지털 플랫폼이 전통 미디어의 역할을 대체하거나 위협하는 것은 미국, 유럽, 일본 그리고 한국의 사정이 조금씩 다르긴 해도 어디나 확연하다. 우리나라의 경우 92퍼센트의 사람들이 네이버로 뉴스를 확인한다. 또한 모바일 사용자들의 다수는 뉴스 앱 자체를 갖고 있지 않거나, 있더라도 네이버 앱을 통해 뉴스를 보는

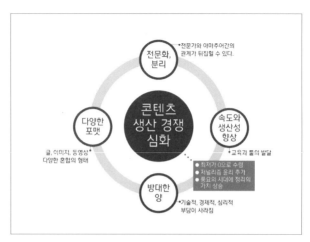

전문화,
분리

• 전문가와 아마추어간의
  관계가 뒤집힐 수 있다.

다양한
포맷

콘텐츠
생산 경쟁
심화

속도와
생산성
향상

글, 이미지, 동영상
다양한 혼합의 형태

• 교육과 틀의 발달

• 최저가 0으로 수렴
• 저널리즘 윤리 추가
• 풍요의 시대에 정리의
  가치 상승

방대한
양

• 기술적, 경제적, 심리적
  부담이 사라짐

▌디지털 정보시장의 특징

비율이 뉴스 생산자의 앱으로 보는 경우보다 60배 이상으로 압도적으로 높다. 당연히 소비자의 이동은 언론사에게는 광고의 양적 감소뿐 아니라 질적 하락으로까지 이어진다. 이러한 정보유통의 변화된 현실을 뻔히 바라보면서도 기울어진 대세를 끌어오겠다는 희망으로 자체 플랫폼의 차별화 전략을 고민하는 것은 기성세대에게는 꽤 자연스러운 고민이다. 그러나 제대로 된 차별화를 하기 위해서는 왜 신생 플랫폼들이 언론의 역할까지 대체하게 되었는지 그 디지털 DNA에 대한 이해가 선행되어야 한다. 디지털 세상에서의 존재감을 되찾아오기 위해서는 역할이 축소된 원인을 제대로 짚는 것이 우선이다.

상황이 이렇게 된 첫 번째 요인이라면 우선 정보 '생산'의 디지털화를 꼽을 수 있다. 언제부턴가 우리는 어디에서나 콘텐츠를 생산할 수 있는 시대를 살게 되었다. 워드프로세서에서, 블로그에서, 커뮤니티에서, SNS에서, 그것도 너무나 쉽고 깔끔하며 빠르게 만들 수 있도록 기술환경이 발전되었다. 예전에는 어떤 지역의 소식을 널리 전달하고자 할 때, 기자가 현장에 출장을 나가서 취재하고 그 내용을 토의하고 결재를 거쳐 편집과 인쇄를 맡겨야만 했다. 그러나 이제는 그 현장에서 스마트폰만 있으면, 기록과 촬영이 즉시 가능하기 때문에 일반인들도 그 소식을 빠르게 전달할 수 있게 되었다. 비록 기존의 조직보다 편집의 수준은 떨어지겠지만, 대부분의 수용자는 신뢰할 수 있는 정보라면 포맷에 그렇게 까다롭지는 않다. 이렇게 콘텐츠 생산환경이 급격히 향상된 덕분에 그 양과 속도도 급진적으로 증가하게 되었고, 그 과정에서 표현방식과 전문성도 작성자에 따라 매우 다양하게 분화되는 양상으로 이어졌다. 좋게 보면 지식의 풍요이지만 나쁘게 보면 경쟁의 심화이며, 이 과정에서 뉴스사와 같은 미디어들은 정보 영역의 상당 부분에서 과거와 같은 생산에서의 독점을 누릴 수 없게 되었다.

그러나 더욱 더 결정적이었던 요인은 바로 정보 '유통'의 디지털화다. 콘텐츠 생산의 디지털화는 사실 대중화된 지 10년이 넘었지만, 그것이 언론사를 결정적으로 위협하지는 않았다. 그보다는 대부분의 사람들에게 더 이상 '조선을 조선으로, 중앙을 중앙으로' 봐야 할 이유가 없어졌다는 사실, 바로 이 점이 권력분리의 핵심으로 작용한다. 최종 소비자와의 접점을 누구라도 만들 수 있는 하이퍼링크 세상은 정보유통 비용을 거의 0에 가깝게 낮췄고, 나아가 철저히 개인화시켰다. 다시 말해 누구나 마음만 먹으면 새로운 정보유통 채널을 만들 수 있다. 그리하여 디지털 세상에서 오히려 정보소비 총량이 증가했다는 통계에도 불구하고 정작 정보의 생산자들은 예전과 같이 기억되지 않는 안타까운 현상이 나타난다. ICT 생태계에서 유통능력을 중심으로 한 브랜드 존재감의 유지 및 확대는 그만큼 중요하다.

이에 오늘날 저널리즘의 패러다임은 기존의 단순했던 '뉴스 전달자'의 개념에서 벗어나 범람하는 정보 속에서 행간의 의미를 짚어주며 진실을 드러내는 소위 '인사이트 매체'로의 진화를 요구한다. 그렇지 않으면 다른 형태의 정보 전달자들과의 경쟁이 어려운 시대다. 또한 그 전달방식 역시 종이를 넘어 최신 웹 트렌드가 반영된 홈페이지 및 SNS 등을 적극적으로 활용함으로써 살아 숨 쉬는 디지털 플랫폼으로 전환되어야 한다. 이렇게 콘텐츠적으로나 보여지는 방식으로나 디지털 세상에서의 존재감을 강화하는 것, 그래서 좀 더 노골적으로는 어떻게든 사람들 사이에 더 많이 바이럴되고 유통되는 것, 바로 이것이 숭고한 소명의식을 넘어 비즈니스적 생존력을 확보해야 하는 모든 미디어의 본질적인 과제라고 할 수 있다.

희망과 용기가 되어주는 해외 언론사들
| 전통 미디어들의 혁신 노력 포트폴리오 |

올해 초 내부조직 갈등으로 우연히 유출되어버린 뉴욕타임스의 혁신보고서[1]는 국내 언론사들이 2014년의 화두를 반성과 혁신으로 잡는 데 중요한 계기가 되었다.

혼돈의 시기 속에서도 여러 새로운 시도들로 퓰리처상을 수상하며 미디어 혁신과 희망의 아이콘으로 떠오른 뉴욕타임스는 한편으로는 그들을 롤 모델로 삼으려는 다른 언론사들에게 수년간 그 혁신의 시도들이 수익성 개선으로도 이어졌는지 투자 대비 효율에 관해 업계 관계자의 촉각을 세우게 했다. 그렇기 때문에 혁신과정에서 무엇에 중점을 두었고, 누구를 경쟁자로 인식했으며, 또 조직적인 갈등과 반성의 내용은 무엇인지 시시콜콜하게 적힌 보고서는 우선 그

■ 뉴욕타임스 혁신보고서

구체성만으로도 필독할 거리였다. 결과적으로 혁신은 필요했고 방향은 맞지만 앞으로 갈 길도 멀다는 점에서 안도와 불안을 동시에 불러일으켰다. 그러나 분명한 것은 그동안 갈팡질팡해왔던 언론사들에게 분명 논의해야 할 핵심질문과 응용해 시도해볼 만한 할 일의 리스트를 만들 수 있는 좋은 기초자료가 되어주었다는 점이다. 이런 맥락에서 국내에서도 토론 모임의 형태로 다양한 논의가 삼삼오오 이루어졌고, 해외 케이스와 유사하거나 변형된 형태의 한국적 시도가 증가하게 되는 계기를 만들어주었다.

뉴욕타임스의 보고서에는 여러 가지 인사이트가 있었는데, 중요한 키워드를 단 하나만 꼽자면 바로 '디지털 퍼스트'라고 할 수 있다. 이것은 기사 형태, 채널전략과 같은 겉으로 보이는 부분에 대한 변화의 방향성뿐 아니라, 편집팀과 마케팅팀 간의 긴밀한 협업과 같은 조직개편의 방향성도 아우르는 철학이다. 이러한 철학을 적극적으로 실천해 나가는 해외 미디어는 몇 가지가 더 있는데 가장 많이 언급되는 회사 중 하나는 영국의 유력 일간지 가디언Guardian이다. 가디언은 후반부에서 설

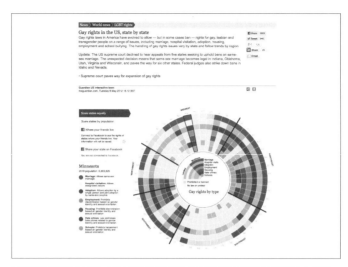

▌ 가디언의 인터랙티브 차트. 성소수자의 권리에 관한 각 주의 입장과 정책을 방사형으로 소개했다.

명할 데이터 저널리즘에 관해서도 정평이 나 있는데, 특히 지난 2009 년부터 방대한 데이터를 모아온 자체 웹사이트 '데이터 블로그data blog 2'를 공개, 각종 기사와 시각화 이미지를 소개하며 독자들과 소통하고 있다.

이 외에도 해설 저널리즘, 모바일 맞춤 카드뉴스 등 새로운 시도를 바탕으로 급부상한 신생 매체들 역시 미디어의 새로운 미래를 제시하는 중요한 주체로 여겨지고 있다. 올해 4월 7일부터 미국에서 서비스를 시작한 복스vox 3는 30대 초반의 젊은 CEO 에즈라 클라인Ezra Klein이 해설 저널리즘 모델을 지향하며 만든 미디어로, 뉴스를 카드형 형식의 UI 로 디자인해서 독자와 만나고 있다. 특히 복스는 겉모습만 개편하려는 대부분의 언론사와 달리 기사 작성의 단계에서부터 새로운 철학을 쉽게 구현할 수 있게 돕는 효율적인 콘텐츠 관리시스템Content Management System, CMS을 구축한 것으로도 유명하다. 예를 들어 하나의 이슈를 둘러싸고

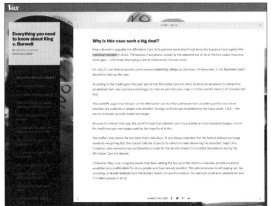

■ 복스 뉴스 사이트, 카드 형태로 기사를 제공한다

■ 복스의 뉴스콘텐츠 '맵스(Maps)'.
뉴스와 지도 이미지를 카드 형태로
결합했다.

관련 정보가 업데이트될 때마다 기자들이 지속적으로 기사 전체를 업데이트하도록 되어 있다. 따라서 독자가 특정 이슈에 관한 기사 콘텐츠를 소비하면 어느 시점에 읽든 그 기사의 초기 배경부터 최신 이슈에 관한 A to Z를 파악하게 되므로 완벽하게 해당 이슈를 숙지하게 되는 완벽한 서비스를 경험하게 되는 것이다. 언론사 입장에서도 과거에 생산한 콘텐츠가 한번 읽히고 잊히는 것이 아니라 새로운 국면이 일어날 때마다 다시 활용되고 주목받으며 생명력을 갖게 되므로 좋다. 또한 복스는 최근에 'maps that explain'과 같이 특정 사안을 관련된 지도 이미지 혹은 인터랙티브 콘텐츠와 연관시켜 독자들로 하여금 보다 쉽게 이해하고 접근할 수 있게끔 기존 기사의 패러다임을 바꾸려는 노력을 펼치는 등 경험이 없는 신생 미디어임에도 불구하고 미디어 혁신의 모범이라고 해도 손색없는 행보를 보이고 있다.

이와 비슷한 성격을 지닌 또 다른 신생미디어 써카Circa[4] 역시 주목할

써카의 모바일 화면. 카드 형태로
뉴스 기사를 제공한다.

만한 플레이어다. 써카는 미디어의 취재를 바탕으로 제작되는 것이 아닌, 기존에 제공되는 정보와 뉴스 속에서 큐레이션을 통해 다시 한 번 뉴스를 리패키징re-packaging하여 독자에게 제공하는 방식을 취하며, 모바일 네이티브 앱을 중심으로 카드형UI로 디자인되었다.

특히 기사와 관련된 정보가 업데이트되면 써카 역시 복스처럼 기사 카드가 업데이트되는데, 'FOLLOW STORY' 버튼을 이용해 특정 기사를 구독할 수 있으며, 구독 기사가 업데이트되면 알람으로 알려주기 때문에 업데이트된 관심 콘텐츠를 다시 한 번 소비할 수 있다는 점이 흥미롭다. 우리나라에서도 이후에 몇몇 미디어가 카드뉴스, 슬라이드뉴스, 업데이트 카드포맷 등을 선보이며 나름대로의 모델을 구축하려는 노력을 전개하고 있는데, 이렇게 독자들의 변화된 생활패턴에 맞춰서 기사의 포맷을 변형하려는 서비스마인드는 긍정적인 반응을 얻고 있어 앞으로 업계 전반에 걸쳐 더욱 더 강화될 것으로 예상된다.

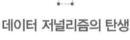

데이터 저널리즘의 탄생
| 빅데이터와 저널리즘의 만남 |

전통 언론사들이 디지털 세대에 맞추기 위해서 낡고 퀴퀴한 옷을

벗어던지고, 각자의 결정에 따라 앞서 설명한 것 외에도 여러 가지 노력을 펼치기는 하지만, 그런 행보 중에서도 미래적이면서도 저널리즘다워 독자들에게 인정을 받을 수 있다고 여겨지는 한 지점이 있다면 그것은 단연 데이터 저널리즘이다. 사실 언뜻 생각하면 데이터 저널리즘이 그리 새로운 방법론은 아니라고 볼 수도 있다. 컴퓨터 활용 취재 보도Computer Assisted Reporting, CAR'라고 해서 데이터를 활용하는 능력에 관한 교육은 진작부터 있어왔고, 심지어 미국의 대표 언론 CBS에서 대통령 선거의 결과를 예측하기 위해 CAR를 활용한 것은 당시에는 컴퓨터의 형태를 상상하기도 어려웠던 1952년이기 때문이다. 그럼에도 텍스트를 기반으로 한 전통 저널리즘의 위기를 극복하려는 여러 노력들 가운데 이 데이터 저널리즘이 미국과 유럽 등지에서 꽤 현실적인 대안으로 새삼스레 각광을 받는 이유는 무엇일까? 그것은 바로 '빅데이터 시대'와 '이미지'적 콘텐츠 소비문화에 기초한다.

요즘은 디지털을 기반으로 사회 전반의 모든 분야를 망라하는 온갖 데이터들을 인터넷을 통해 어렵지 않게 구할 수 있는 시대다. 물론 접근성이 한정되어 있는 아날로그 데이터나 사회 전반을 대변하지 못하는 소수의 데이터와 같이 가치 있는 저널리즘 구현에 큰 쓸모가 없는 경우도 있지만, 구할 수 있는 데이터만 잘 활용해도 아직까지 발견하지 못한 재미있는 시사점을 찾아낼 수 있다. 더욱이 앞으로는 사물인터넷, 웨어러블 등의 기술발전에 힘입어 더더욱 인간이 다루는 거의 모든 기록들이 디지털화될 것으로 예상된다. 또한 정부 3.0 시대를 맞아 이미 수많은 공공데이터가 온라인상에 공개되고 있으며, 수십억의 사람들이 자신의 개인정보를 자발적으로 업로드하고 있으니 데이터 자원은 계속 늘어날 것이다. 여기에 더해 컴퓨터 기술이 발달하면서 날이 갈수록 향상되고 있는 데이터 처리기술은 방대한 데이터를 빠르고 정확하게 다룰 수 있는 환경을 제공하고 있어 그것들을 활용하기 위한 진입장벽은 누구에게나 계속 낮아지고 있다.

이런 사회 전반적인 변화는 이제 기자들도 빅데이터를 활용해 사안의 본질 또는 사회의 경향성을 쉽게 파악해내고, 나아가 사회현상이나 사건 등을 심층적이고 객관적으로 보도하는 데 도움 받을 수 있는 가능성을 획기적으로 높이고 있다. 이렇게 탄생한 뉴스 콘텐츠는 대중의 관심을 끌기에도 용이할까? 맞다. 기본적으로 빅데이터라는 것은 사회 도처의 현상들이 꼼꼼히 모인 데이터 집합이고, 이는 곧 대중 개개인의 삶에서 그리 멀지 않은 곳에 있는 팩트라는 의미를 가질 수 있다. 따라서 다소 어려운 뉴스일지라도, 대중이 그것을 자신의 삶 주변의 데이터를 바탕으로 한 뉴스로 받아들이는 순간, 해당 뉴스는 '인간적 관심사를 비롯한 사적 영역'을 다루는 연성뉴스처럼 소비될 수 있는 잠재력을 갖게 된다. 결국 빅데이터와 저널리즘의 만남으로 탄생한 데이터 저널리즘은 새로운 대중이 열어가고 있는 새로운 시대 속 미디어의 한 형태로 유의미한 영토를 점유할 잠재력을 어쩌면 다시금, 아니면 새롭게 인정받고 있는 것으로 보인다.

국내에서 뉴스타파의 '조세피난처' 보도는 데이터 저널리즘의 취재방식을 통해 주목을 받은 좋은 케이스로 소개할 만하다. 뉴스타파는 2013년 4월 말부터 국제탐사보도언론인협회International Consortium of Investigative Journalists, ICIJ와 조세피난처 공동 프로젝트를 진행했는데 6월 15일부터 데이터 저널리즘과 일반 대중이 콘텐츠 제작에 참여하는 크라우드소싱

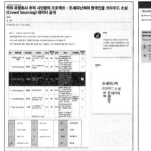

▌뉴스타파의 조세피난처 시민 참여 ▌ICIJ 검색 시스템. 페이퍼컴퍼니와 관련 업체에 대한 정보를 검색할 수 있다.
프로젝트

Crowd Sourcing 방법을 활용하여 이 프로젝트를 성공적으로 보도할 수 있었다.

데이터베이터 검색 창에 특정 국가 이름을 넣으면 해당 국가를 주소지로 기재한 모든 사람과 그들이 만든 유령회사 관련 정보를 찾아볼 수 있었으며, 검색 창에 영문으로 특정 이름을 입력하면 화면에 해당 이름과 관련된 페이퍼컴퍼니와 관련 업체들이 선으로 연결된 작은 원 형태로 표시되도록 하여 참여 및 제보를 할 수 있도록 했다. 이를 바탕으로 유령회사의 정보를 파악하는 것은 물론, 데이터를 통해 날카로운 저널리즘을 꾀할 수 있게 되었으며 뉴스타파가 많은 이들에게 국내의 데이터 저널리즘 미디어로 인정받는 결정적 계기가 되었다. 이외에도 다른 여러 언론사들이 의미 있는 데이터 저널리즘을 시도하기 위해 노력하고 있어 더 많은 케이스들이 나올 것으로 기대되며, 그에 대한 뉴스 소비자들의 반응도 한층 뜨거워질 것으로 전망된다.

'무엇'이 아니라 '어떻게'가 중요해졌다
| 데이터 저널리즘의 좋은 예 |

한편 데이터 저널리즘이 결과적으로 시대에 어울리는 콘텐츠의 위상을 차지하게 된 또 다른 결정적 요인은 시각화다. 이미지 언어는 텍스트 언어에 비해 소비 속도가 빠르고 보다 직관적이다. 가령 '언덕 위의 푸른 집'이라는 텍스트 언어는 수용자로 하여금 언덕의 이미지와 푸른빛 가옥의 이미지를 자기 나름대로 상상하도록 유도하지만, 이것이 이미지 언어로 제시되면 수용자는 상상의 과정을 거칠 필요가 없이 그저 보기만 하면 된다. 텍스트 언어와 이미지 언어가 갖는 이러한 차이는 대중이 사유하는 방식을 총체적으로 바꿔놓았다. 다시 말해, 정보의 홍수 속에서 이제 대중은 굳이 수고스럽게 텍스트 정보를 일일이 정독하려 하지 않는다. 대신 되도록 간추린 텍스트 정보를, 그리고 가급적이면 이미지가 첨부된 정보를 선택적으로 소비하려 한다. 자연스럽게 심도 깊은 심층기사들도 같은 내용이라도 텍스트 기반일 경우 상대적으로 냉대를 받고 있다.

이런 흐름은 기존 '텍스트 시대'에 활황을 구가하던 언론매체들의 성향과는 너무나 동떨어진다. 그동안 언론인들은 소통방법에 있어 글쓰기 능력을 가장 주요한 전문성 중 하나로 보고 조직원을 선발했고, 계속해서 그 능력을 중점적으로 발달시켜왔다. 그런데 이제 신중히 취재하고 분석해서 풀어낸 내용이더라도 그러한 장문의 텍스트를 읽어주는 사람이 거의 없어져버린 현실이란, 노장의 언론인들에겐 매우 당혹스런 상

■뉴욕타임스 업샷. 데이터 저널리즘을 바탕으로 한 인터랙티브 인포그래픽을 다양하게 활용하고 있다.

황이 아닐 수 없다.

　이렇게 언론사가 '무엇을 전달할 것인가'와 더불어 '어떻게 전달할 것인가'도 열심히 고민하여 가급적 미학적이고 재미있게 풀어내야 하는 과제가 주어짐에 따라 디지털 DNA로 무장한 20~30대의 젊은 저널리스트들이 이러한 패러다임 변화를 주도할 수밖에 없는 시대가 되었다. 이러한 흐름에 따른 신생 미디어들의 급부상 혹은 전통매체들의 새 시대에 맞는 새로운 브랜드 론칭과 TF팀 신설 등은 스타플레이어를 탄생시키기도 하고 경력 기자들의 유례없는 이직으로 이어지기도 하며 지난 2014년 초부터 미디어 업계 안팎의 주목을 집중시키며 이슈를 형성했다.

　예를 들어, 뉴욕타임스는 데이터 저널리즘의 경쟁력을 일찌감치 간

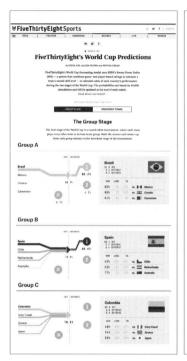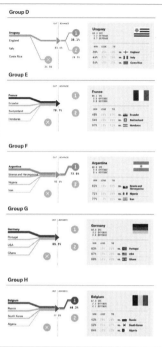

■ 파이브서티에이트의 우승팀 예측시스템. 각 그룹에 마우스를 올리면 각 팀의 우승확률을 보여준다.

파하고 유명 에디터 데이비드 레온하르트David Leonhardt의 주도로 데이터 저널리즘에 특화된 서브 브랜드 '업샷The Upshot'을 론칭했다.[5] 그뿐 아니라 뉴욕타임스는 세계적인 데이터 시각화 프로그래밍 언어 'D3.js'의 창시자인 마이크 보스톡Mike Bostock을 업샷 팀에 영입하였으며, 나아가 마이클 드위Michael Dewar, 케빈 퀼리Kevin Quealy, 아만다 콕스Amanda Cox 등 뛰어난 데이터 시각화 전문가들로 팀을 구성하여 D3.js 툴 기반의 인터랙티브 데이터 시각화 케이스들을 적극 구현하며 데이터 저널리즘의 최전선에서 경쟁력을 발휘하고 있다.

또 다른 신생 뉴스미디어 '파이브서티에이트닷컴Fivethirtyeight.com'은 데이터 시각화를 콘텐츠 생산을 넘어 브랜딩 기반으로까지 진지하게 고민한 회사다. 자사에서 제작하는 모든 데이터 시각화 이미지에 '연한 회색 바탕에 빨강, 파랑 색채를 활용한 그래프'라는 색채 언어를 통일감 있게 적용함으로써 자사 고유의 콘텐츠 브랜드를 강화한 것이다. 한편 파이브서티에이트닷컴이 데이터 저널리즘 시장에서 자사의 경쟁력을 강화하는 방식 또한 독특한데, 특히 최근 2014 브라질 월드컵을 앞두고 데이터 시각화 기법을 활용한 '우승 팀 예측시스템'[6] 을 공개함으로써 전 세계 축구 팬들의 이목을 집중시킨 바 있다.

유명한 데이터분석가 매튜 콘렌Matthew Conlen이 제작한 이 콘텐츠는 이전까지 언론매체들이 월드컵을 맞아 다뤄왔던 보편적인 승패 예측기사와는 달리, 오랜 세월 축적된 관련 데이터를 활용해 독자들에게 직접 우승 팀을 예상해보는 경험을 제공했다. 이렇게 한눈에 월드컵 전반에 대한 이해를 쉽고 빠르게 도와주면 줄수록 많은 사람들에게 데이터 시각화 작업의 묘미를 체험하는 장을 마련하게 되고, 이러한 콘텐츠에 대한 선호도는 더더욱 높아질 것이다.

이렇게 해외 유수 미디어들의 데이터 저널리즘 관련 노력들은 미디어 업계가 수용자에게 인사이트를 전달하기 위해 얼마나 다양한 방법론적 고민을 하고 있는지를 보여주며, 동시에 그 고민의 중심에 데이터 시각화라는 활용기법이 전제로 깔려 있음을 보여주는 사례들이라고 하겠다.

2015년, 데이터 저널리즘을 주목하라
| 데이터 저널리즘의 한국적 현실 |

새로운 저널리즘에 기존 조직이 과연 잘 적응할 수 있을까? 이는 독자인 대중뿐 아니라 새 시대의 주자가 되어야 할 현직 기자들도 겸허하게 자문하고 있는 매우 중요한 질문이다. 빅데이터의 활용이 통계학과 같은 분석의 영역에서 저널리즘 쪽으로 확장되는 것이 가능할까?

사실 얼마 전까지 빅데이터를 가공하거나 분석하는 것은 그리 쉬운 일이 아니었다. 무한에 가까운 데이터를 정확하게 선별하고 유의미하게 분석하여 효과적으로 활용한다는 것은 일반인들로서는 쉽게 취할 수 있는 능력이 아니었기 때문이다. 특히 '고급 기술인력의 확보'와 '막대한 자본력' 등은 지금까지 '빅데이터의 활용'에 절대적인 요건이었기에, 이것이 해결되지 않는 이상 언론사는 물론이거니와 기업이나 정부기관조차 빅데이터를 자유롭게 활용하는 데 제약을 받았던 것이 사실이다.

그러나 최근 대대적인 공유문화 속에서 개발되는 여러 가지 오픈소스 데이터 분석 툴들은 데이터에 대한 비전공자들의 접근성을 획기적으로 높여주고 있다. 누구나 간단한 그래프를 제작할 수 있도록 해주는 구글의 스프레드시트Spreadsheet[7], 의미 있는 데이터들을 쉽게 정제해주는 구글의 오픈리파인OpenRefine[8], 데이터들을 간편하게 수집해주는 스크래퍼 위키Scrapper Wiki[9], 약간의 사용법만 익히면 누구나 멋진 인포그래픽을 디자인할 수 있는 인포그램Infogram[10] 등 일반인들도 쉽게 데이터를 가공하고 시각화할 수 있는 오픈소스를 비롯하여 쉬운 기술이 급속히 늘어나 '데이터'는 비로소 통계학의 틀을 깨고 대중의 요리를 기다리는 재료가 되었다. 물론 이 같은 기술적 배경과 더불어 기성 언론매체들의 편향적인 보도성향이나 불량한 프레이밍도 대안적 저널리즘 모델의 등장에 큰 몫을 했겠지만 말이다.

참고로 미국과 유럽의 데이터 저널리즘은 그 행보에서 약간 차이가 나는데, 미국의 경우에는 앞에서 살펴본 바 주로 미디어계를 중심으로 뉴욕타임스의 신생 서브 브랜드 업샷을 위시한 신생 미디어업체들이 데이터 저널리즘의 흐름을 주도하는 반면, 유럽에서는 '유럽 저널리즘 센터European Journalism Center(이하 EJC)'와 복수의 비영리단체를 중심으로 데이터 저널리즘을 발전시켜 나가고 있다. 특히 EJC는 지난 2014년 6월, '데이터 기반 저널리즘Data Driven Journalism' 강의를 영상 기반의 온라인 공개수업Massive Open Online Course, MOOC 형식으로 전 세계에 방영하며 그 활용 기술과 방법을 공개하는 등 데이터 저널리스트를 꿈꾸는 전 세계 사람들에게 유용한 도움을 제공하고 있으며, 각국의 데이터 저널리즘 관련 업체들을 '로컬 러닝 그룹Local Learning Group, LLG'으로 지정해 데이터 저널리즘의 확산에 기여하고 있다. 우리나라에서는 필자의 회사인 뉴로어소시에이츠와 뉴스젤리가 EJC의 로컬그룹으로 지정되어 지난 2014년 6월에 100여 명의 현직 기자와 데이터 전문가, 그래픽 디자이너, 개발자를 대상으로 세미나를 진행해 호응을 받았다.

유럽을 중심으로 활동하는 또 다른 대표적인 데이터 저널리즘 관련 비영리단체로는 '스쿨오브데이터School of Data'와 'M100'을 들 수 있는데, 스쿨오브데이터는 데이터 저널리즘에 관심 있는 사람이면 누구나 편리

▌뉴로어소시에이츠에서 진행한 LLG 세미나

하게 학습할 수 있는 여건을 제공한다. 데이터를 활용해 취재하는 법을 가르쳐주는 데이터 취재 방법론을 비롯해 데이터 활용기법 및 데이터 활용에 필요한 각종 툴을 소개하고, 전 세계 데이터 저널리스트들을 대상으로 세미나를 개최하는 등 다양한 활동을 펼치고 있다. M100 역시 데이터 저널리즘 커뮤니티다. M100의 산하 프로젝트인 M100 데이터 저널리스트 커뮤니티 플랫폼Data Journalist Community Platform에서는 데이터 저널리즘과 관련된 다양한 프로그램을 진행하고 있다. 또 전 세계의 데이터 저널리스트의 리스트를 제공하거나 데이터 저널리즘과 관련된 세미나를 개최하고, 유용한 관련 강의를 진행하는 등 다양한 지식을 제공하기도 한다.

이런 사례들에서 알 수 있듯이, 현재 우리나라의 데이터 저널리즘은 주요 언론사가 적극적으로 주도하는 미국의 모델보다는 유럽의 모델 쪽에 영향을 많이 받고 있다. 이것은 국내에는 아직 유의미한 행보를 보이는 데이터 저널리즘 전문 언론사가 등장하지 않은 데 비해 온라인을 기반으로 제공되는 유럽의 EJC, 스쿨오브데이터, M100 등의 데이터 저널리즘 관련 콘텐츠들은 국내에서도 수월하게 공유될 수 있는 여건 때문이다.

이런 측면에서 각 대학의 신문방송학과, 언론정보학과를 중심으로 관련 강의들이 속속 등장하고 있다는 사실은 무척이나 반갑다. 중앙대학교 신문방송학부는 2014년 2학기 강의에 '빅데이터 저널리즘론' 강의를 개설하여 미래 저널리스트를 꿈꾸는 학생들에게 데이터 저널리즘에 대한 현황을 소개하는 한편, 데이터 정제부터 시각화까지 실습해볼 수 있는 학부 강의를 개설했다. 이외에도 전국의 많은 신문방송학과에서 데이터 저널리즘을 저널리즘의 새로운 모델로 인지하고 강의 커리큘럼을 준비하고 있다. 이토록 저널리즘 업계의 미래를 생각하는 사람들은 현직이건 미래의 언론인이건 관계없이 학교와 스터디 등 다양한 채널과 방식으로 뜻을 모으고 토론하고 땀 흘려 공부하며 새로운 시대를 준비하고 있다. 따라서 여기에 언론사의 과감한 결단과 실행이 이어진다면, 대한민국의 미디어가 좀 더 세련되고 소비자 친화적이며 디지털적으로 변화하게 될 것은 시간 문제임이 분명하다.

저널리스트 3.0을 응원하자

| 디지털 언론인과 우리의 미래 |

뉴스는 공공재인 것일까? 이런 질문까지 떠오를 정도로 우리나라에서 콘텐츠 생산자의 입지는 특이나 어렵다. 영화, 웹툰과 같이 재미있는 콘텐츠조차 유료로 소비하지 않는 현실에서 진지하고 어렵고, 또 어렵고 심각하기까지 한 뉴스 기사들은 그 자체로서는 상업적이었던 적이 한 번이라도 있었을까 싶다. 그동안 이 문제를 정보의 중심과 광고 기반이라는 모델로 큰 무리 없이 유지해왔던 것이 전통 미디어였다. 따라서 오늘날 미디어의 위기를 단지 일부 언론사의 경영문제로 치부하기 이전에, 우리가 누리고 있는 진실의 가치가 얼마였는지를 우리가 직접 제대로 산정해본 적이 있었던가 다함께 생각해볼 필요가 있을지도 모른다. 이런 점에서 필자는 최근 기사별 후원금을 사전에 모금하며 함께 기사를 발전시켜 나가는 모델을 시도한 포털 다음^{daum.net}의 '뉴스펀딩'를 지켜보는 재미가 쏠쏠하다.

진실을 명확히 파악하지 못한다는 것은 어느 날 갑자기 밑으로 꺼져버릴 모래 위에 발을 디디고 있는 것과 같다. 따라서 진실에 대한 대중의 욕구는 시대를 막론하고 본능적이며 따라서 막강하다. 그렇기 때문에 숨겨지고 때로는 어려운 채로 남아 있는 소중한 인사이트들을 찾아내 대중의 눈높이에 맞게 풀어주는 언론인들의 역할은 본질적으로 맑은 공기, 푸른 물과 같은 필수적인 것이 아닐까? 모두의 미디어 환경이 좀 더 멋진 세상으로 변화하는 시기를 앞당기기를 소망한다면, 익숙한 틀을 벗고 디지털 독자에게 맞추어 변화하려는 주변의 용기 있는 저널리스트 3.0들에게 우리 모두 응원과 지지를 보내주자.

김윤이

뉴로어소시에이츠 대표. KAIST에서 뇌공학 및 응용수학을 전공하고, 하버드 케네디 스쿨에서 공공정책학 석사학위를 받았다. 외교통상부, OMNICOM 계열 컨설팅 회사를 거쳐 현재 데이터시각화, 인지과학 등에 특화된 뉴로어소시에이츠사를 설립하였다. 'We help your evolution'이라는 미션을 바탕으로 현재까지 금호, 중앙, SK, 보건복지부, 미래창조과학부, 검찰 서울연구원, 서울크리에이티브랩, 인컴PR재단 등 20여 기관에 미래 비즈니스 전략 컨설팅 서비스를 제공하고 있으며, 문화체육관광부 자문위원, 한국도로공사 주최 데이터공모전 심사위원 등을 역임하고, 법률 분야 베스트셀러 《법률영어핸드북》의 저자이기도 하다. 아울러 뉴로는 실시간 인포그래픽, 모바일 인포그래픽, News Map, Medium Map 등 혁신 아이디어와 새로운 비즈니스 모델의 산실로 주목받고 있다.

정책

위험사회와 그 적들

규제개혁의 방향성

2014년은 다사다난한 한 해였다. 2월 경주 마우나 리조트 붕괴, 4월 세월호 침몰, 윤 일병 폭행 사망 사건이 대표적이다. 이를 지켜만 봐야 하는 우리에게는 너무나 힘들고 슬픈 시간이었다. 우리에게 닥친 위험에 대한 대응방안이 없었기 때문이다. '사후약방문(死後藥方文)'의 형태로 정치권은 서로에게 책임을 떠넘기고, 관계자들은 고개만 숙일 뿐 어느 것 하나 국민들에게 납득될 만한 설명을 내놓거나 재발 방지를 확신하지 못하고 있다.

몇몇 학자들은 현대사회가 위험사회의 속성을 가지고 있다고 이야기한다. 정치, 경제, 사회 등 새로운 가치들이 현대사회에 합류하면서 위험요인도 함께 진입한다는 것이다. 이때 새로운 가치를 잘 수용하고 위험요인을 걸러내기 위해 '규제'는 필수불가결한 것이다.

세월호 침몰 사고를 보면서 가장 많이 회자되었던 단어 가운데 하나가 바로 '규제'였다. 사건이 일어나고 그 원인을 찾는 과정에서 '관련된 규제'가 없었다거나 '잘 지켜지지 않았다'는 기사가 쏟

아져 나왔다. 규제의 본질을 들여다보자. 많은 사람의 목숨이 스러진 지금, 국민의 안전을 책임지는 최소한의 단위인 규제의 현주소와 향후 바람직한 방향을 이야기하고자 한다.

다행히도 2015년에는 주요 규제가 큰 폭으로 혁신될 가능성이 있다. 2014년 8월 국무회의에서 행정규제기본법 개정안이 통과되었고 연내에 국회 통과를 목표로 하고 있다. 사고가 많았던 2014년을 거치면서 어떤 식으로 규제가 정리되고 개혁될지 관심이 집중되고 있다.

위험사회의 진입, 안전과 규제라는 양날의 칼
| 현대사회의 특징 |

우리 사회에 내재된 '위험'이 중요한 화두로 떠오르고 있다. 지난 4월 일어난 세월호 참사는 우리 사회가 안고 있는 위험이 특정 개인 또는 기관의 문제라기보다는 그동안 고도성장기를 거치며 우리 사회 전반에 내재된 모순과 연관되어 있음을 보여준다. 또 조금 다른 시각에서 바라보면, 우리 사회의 위험은 현대사회로 진입한 세계 여러 선진국에서 공통적으로 경험하는 사회·경제적 변화와도 연관된다. 일부 학자들은 한 사회가 현대사회로 진입하면서 필연적으로 경험하는 기술의 진보, 세계화, 조직의 대형화 등을 포함한 다양한 사회·경제적 변화로 인하여 현대사회가 '위험사회risk society'의 속성을 지닌다고 설명한다.[1] 예를 들어 환경오염, 노동자들의 건강, 음식물의 안전성, 부의 양극화 및 노령화로 인한 소외계층의 확대, 새로운 금융상품의 도입으로 인한 불확실성 등은 우리 사회가 현대사회로 진입함에 따라 새로이 발생했거나 또는 더욱 심화된 위험요인들이다.

정부는 이러한 위험요인들에 대처하고자 '규제'라는 정책수단을 활용한다. 혹자는 다양한 사회·경제적 위험에 대처하고자 정부가 규제라는 정책수단을 폭넓게 활용하는 양상 또한 현대사회의 중요한 특징 중 하나라고 설명한다.[2] 현대사회로 진입하면서 새로운 위험요인들이 대두된다는 사실은, 바꾸어 말하면 이에 대응하는 정부의 정책수단 또한 더욱 광범위하고 강력해질 필요가 있다는 뜻으로 해석할 수 있다.

현대사회는 위험사회로 진입하고 있다.

이러한 관점에서 본다면 현 정부의 주요 화두인 '안전관리'와 규제완화의 또 다른 표현인 '규제혁신'은 일견 상충하는 것으로 보인다. 즉, 정부 입장에서는 규제를 철폐하여 국민들의 편의를 도모하고 경제에 활력을 불어넣겠다는 생각이지만, 다른 한편으로는 규제 철폐에 따라 대두되는 잠재적 위험 및 불확실성을 관리해야 하는 딜레마에 빠진 것이다. 이러한 딜레마를 의식하기라도 하듯, 박근혜 대통령은 2014년 3월 20일 규제개혁 장관회의 모두발언에서 "부처별로 좋은 규제와 나쁜 규제를 구분해서 좋은 규제는 더 개선하고, 나쁜 규제는 뿌리를 뽑는 규제 합리화"를 추진하겠다고 선언했다.

이번 장에서는 박근혜 정부가 지난 2년간의 구상을 통해 국정 3년차인 2015년에 국민들 앞에 제시할 규제개혁 정책의 청사진을 미리 엿보기로 한다. 그리고 이러한 정책들을 통하여 과연 현 정부에서 중요한 핵심 키워드로 제시한 '안전관리'와 '규제혁신'이라는 두 마리 토끼를 잡을 수 있을지 예상해보고자 한다.

현 정부가 2015년에 내놓을 것으로 예상되는 정책들을 살펴보면, 정부의 진정성 있는 노력이 묻어나는 것은 사실이다. 그럼에도 불구하고, 정부가 기울인 노력의 성과가 국민들의 피부에 와닿게 하려면, 정부의 규제혁신 정책이 어떻게 개선되고 보완되어야 하며 변화해야 할지에 대한 고민을 나누며 본 글을 마무리하고자 한다.

세월호 참사의 원인, 무엇이 문제였는가?

| 부실한 규제 집행 |

세월호 참사는 사실 정부 규제와 상당한 관련성을 갖고 있다. 올해 5월에는 해외학자 1,074명이 세월호 참사의 원인을 '규제완화'로 규정하며 성명을 낸 바 있다. 그렇다면 세월호 참사는 규제가 미비해서 일어난 일인가? 이 물음에 답을 하기 위해서는 먼저 세월호 참사의 원인에 대해서 짚어볼 필요가 있다.

세월호가 침몰한 원인을 현재까지 재판을 통해 살펴보면, 첫째, 무리한 증·개축으로 인한 복원성 악화, 둘째, 화물과적 및 부실한 고박이 복합적으로 영향을 미쳤음을 알 수 있다. 먼저 배를 무리하게 증·개축했다는 사실은 선박설비 안전검사 기관인 한국선급이 문제가 없다는 평가를 내린 바 있다. 한국선급은 민법 제32조에 의거 설립된 비영리 사단법인으로, 정부로부터 각종 선박 안전검사 업무 대행을 위임받은 단체다. 문제는 이 한국선급이 자체 수입으로 운영되는 민간단체이기 때문에, 선박회사들로부터 업무 수임을 받아야 하는 위치에 있다는 것이다. 정부가 규제라는 공공서비스를 민간에 위탁한 사례인데, 이러한 경우 선박회사들의 압력이 작용할 수 있어서, 원칙에 의거한 규제 집행이 현실적으로 어렵다. 공인회계사들이 수행하는 외부감사제도가 형식적으로 이루어지고 있다는 비판을 받는 것과 유사하다.

두 번째, 화물과적 및 부실한 고박 관련해서는, 규정상 987톤의 화물만 실어야 하는 세월호가 적정 화물 수준을 크게 상회하는 3,608톤을

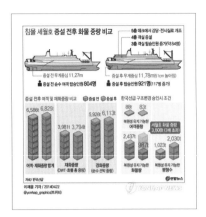

침몰 세월호 증설 전후 화물 중량 비교

증설 전후 여객 및 재화중량 비교

이재윤 기자 / 20140422
@yonhap_graphics(트위터)

세월호 중량 비교

적재했고, 화물의 고정 및 결박 과정도 생략한 것이 문제다. 화물 과적을 점검해야 할 책임이 있는 인천항만청이 적절하게 규제를 집행했다면, 또 해경이 출항 허가를 내지 않았다면 상황이 달라졌을 수 있다.

지금까지의 논의를 정리하면, 세월호 참사는 규제가 없었기 때문이 아니라 제대로 집행되지 않았기 때문이다.[3] 그렇다면 도대체 왜 정부는 원칙에 맞게 규제를 집행하지 못하는 것일까? 이것은 역설적으로 규제가 너무 많은 것도 그 원인 중 하나다. 규제의 집행은 정부가 경제 주체들을 감시하는 기능을 포함하는데, 규제가 지나치게 많기 때문에 한정된 행정 역량으로는 집행을 모두 감당할 수 없고, 그래서 그 일부를 시장에 위임한 사례가 한국선급 사례인 것이다. 행정기관이 직접 집행을 담당한 규제들의 경우에는 적절하게 규제들을 관리하는 것이 현실적으로 불가능하기 때문에 집행을 하지 않는 것이 관례화 되어버렸다.

또 한 가지 중요한 사실은 다양한 규제들 간에는 매우 긴밀한 연관성이 있다는 사실이다. 세월호는 여객선 운임 규제를 받고 있었다. 일반적으로 정부가 가격 규제라는 정책수단을 사용할 때는 품질 또는 안전 규제도 함께 적용을 해야 한다. 피규제 기업이 가격 규제로 인해 가격을 인상하지 못하는 경우에는 가격을 유지한 채 품질 또는 안전을 악화시키는 편법을 쓰기 때문이다. 세월호 참사의 경우에 대입하면, 여객선 산업에 운임 규제를 도입할 때는 품질 악화, 즉 증·개축 및 화물 과적에 대한 규제도 함께 적용해야 하는 것이다.

세월호 사례의 경우, 요금 규제와 함께 품질 및 안전 규제가 모두 존재했다. 이러한 경우, 피규제 기업은 어떠한 선택을 하게 될까? 학자들은 여러 가지 규제 중에서도 가격 규제가 이론적으로 바람직한 특성이 많다고 주장한다. 그 이유는 별도로 (감시)집행을 할 필요가 없기 때문이다. 가격이란 변수는 해당 서비스를 이용하는 소비자들에 의해 항상 감시를 받고 있기 때문에 따로 행정기관이 집행에 나설 필요가 없다는 중요한 특성이 있다. 그러나 달리 표현하면 가격 규제는 항상 피규제 기업의 행동 및 선택을 크게 왜곡시킬 위험성도 함께 내포하고 있다. 반면 품질과 안전 규제는 상대적으로 그 관찰 및 집행이 어렵기 때문에 가격 규제를 받는 피규제 기업은 품질 및 안전수준을 낮춰서 적정 수준의 이윤을 확보하려고 하기 마련이다. 결국 여객선 산업에 대한 강력한 요금 규제는 이윤의 극대화를 꾀하는 피규제 기업으로 하여금 무리하게 증·개축 및 화물과적을 하도록 유도할 수 있는 잠재적 위험이 있다. 품질과 안전 규제가 형식적으로만 존재하고 집행이 되지 않을 경우 특히 그러하다.

요약하면, 세월호 참사의 원인을 규제완화로 규정하는 것은 무리가 있다. 오히려 행정기관에서 관리하는 규제의 수가 너무 많아서 현실적으로 집행하기 어려운 상황이 주요한 원인이었다. 즉, 요금 규제가 피규제 기업의 선택을 왜곡시켜 무리한 증·개축 및 화물과적으로 이어진 상황에서 품질과 안전 규제가 집행되지 않은 것이 원인으로 작용한 것이다.

결국 정부의 규제개혁은 규제를 현실적으로 집행 가능한 수준으로 그 수를 줄이되, 만약 위반할 경우 강력한 제재조치를 부과하는 방향으로 개선되어야 한다. 존재는 하지만 현실적으로 집행할 수 없는 규제들은 존재하지 않느니만 못할 수 있다. 더욱이 이러한 규제들은 담당 관료가 부패하는 원인이 되기도 한다.

규제를 혁신하라

| 2015년 규제혁신 정책 리스트 |

지금까지 위험사회에서의 안전관리와 규제개혁이 꼭 상충되는 개념이 아님을 설명하였다. 논의를 더 진전시키기에 앞서, 현 정부에서 규제혁신을 위해 어떠한 노력을 하고 있는지 간략히 살펴보도록 하자.

지난 8월 19일 박근혜 대통령 주재로 열린 국무회의에서 큰 폭의 규제개혁을 포함하는 행정규제기본법 개정안이 통과되었다. 정부는 이 개정안을 2014년 정기국회에서 통과시킨다는 계획을 갖고 있으며, 2015년에는 현 정부의 규제정책이 상당히 큰 폭으로 혁신될 가능성이 있다. 현 정부가 규제개혁을 위해 추진하고 있는 다음 네 가지 정책들의 주요 내용을 간략히 살펴보면 다음과 같다.

1. 규제비용총량제

규제비용총량제는 규제의 신설·강화로 인해 순(추가)비용이 발생할 경우, 이에 상응하는 규제의 폐지·완화를 유도함으로써 규제비용총량을 감축하는 제도다. 이 제도는 영국에서 실시한 바 있는 유사제도인 '원인-원아웃One-in, One-out' 제도를 벤치마킹한 것이다. 현재 정부는 2014년 7월부터 8개 부처의 시범사업을 실시하고, 2015년부터 전 부처 전면 실시를 목표로 하고 있다.

2. 규제신문고 제도

규제신문고 제도는 박근혜 정부에서 최초 실시한 제도로 '규제개선청구제'라고도 불린다. 일반 국민들이 인터넷을 통해 규제 개선에 관한 건의를 할 경우, 소관 부처에서는 14일 내 수용 여부에 관한 답변을 하고 3개월 내에 규제 필요성에 대한 재검토 및 소명을 해야 한다. 규제개혁위원회는 소관부처가 제출한 소명의 타당성 및 파급효과를 종합적으로 고려하여 필요 시 개선 권고를 할 수 있다.

3. 규제등록시스템

규제등록시스템은 김대중 정부 때 최초 실시된 제도로, 등록 대상 규제의 기준이 과거 정부에서 수차례 변경된 바 있으며, 현재의 제도는 이명박 정부 때 정해진 기준으로 운영되고 있다. 정부는 현재 이 시스템을 전면 손질하기 위해 준비 중이며, 등록 대상 규제의 폭을 넓히고 각 등록규제를 관련 법, 시행령, 시행규칙의 내용과 연결시키는 작업을 진행하여 2015년 중 다시 오픈할 계획에 있다.

4 네거티브 규제방식과 규제일몰제

2013년도에 도입된 네거티브 규제방식과 규제일몰제도 그 적용이 큰 폭으로 확대될 예정이다. 네거티브 규제란 제도나 정책 등을 원칙적으로 허용하고 예외적으로 규제를 통해 금지하는 원칙이며, 규제일몰제는 5년 단위로 규제가 자동으로 효력을 잃도록 하는 것으로, 예외적으로 3년의 재검토 기한을 설정할 수 있다. 정부는 경제규제에 대해서 네거티브 원칙 및 규제일몰제의 적용을 확대할 계획이다.

톱다운 방식은 해결책이 아니다
| 정부 규제개혁의 문제점 |

현재 추진 중인 정책들은 규제혁신을 위한 구체적이고도 현실적 방안들을 포함하고 있어 정부가 많은 고민을 했음을 보여준다. 그렇다면 과연 국민들은 현 정부의 규제개혁 노력을 통해 피부로 느끼는 변화를 경험하게 될까? 사실 정부 규제는 지난 15년째 개혁하기 위해 꾸준히 노력해왔지만 눈에 띄는 성과를 거두지 못한 분야다. 왜 정부는 출범 때마다 규제를 완화 및 개혁하기 위해 노력을 하지만, 이렇다 할 성과를 거두지 못하는 것일까?

이 물음에 답을 하기 위해서는 현 정부를 포함하여 지금까지 시도 및 추진되었던 정부의 규제개혁 정책들이 공통적으로 한 가지 중요한 특징을 갖고 있음에 유의할 필요가 있다. 정부의 규제개혁은 그 근본적인 패러다임이 중앙정부의 계획하에 실행되는 상의하달식 또는 소위 톱다운Top-down 방식을 그 주요한 특징으로 하고 있다.

이러한 중앙정부 주도의 톱다운형 개혁은 달리 표현하면 개혁을 추진하는 주체 중에 지방정부가 빠져 있다는 점이다. 일부 연구에 의하면, 지방자치단체에 의해 만들어진 규제의 수가 중앙정부 규제보다 훨씬 더 많다는 보고가 있다. 2013년 대한상공회의소가 4,020개 중소기업을 조사한 결과, 기업규제의 실행이 어려운 주요한 원인으로 지자체의 조례·규칙 및 지방공무원의 행태가 지적된 바 있다. 지방정부를 개혁의 주체로 끌어들이지 못하는 한, 정부의 개혁 노력은 아무리 잘 설계된다고 하더라도 큰 사각지대가 있을 수밖에 없다. 일부에서는 안전행정부의 지방교부금을 통해 지방자치단체로 하여금 중앙정부 정책에 따라오게끔 해야 한다고 하는데, 미봉책에 불과할 가능성이 크다.

또 중앙정부 주도의 톱다운형 개혁은 점차 확대되어가는 경제·사회·정치적 불확실성에 효과적으로 대처할 수 없는 방식이다. 정치적 불확실성이라 함은, 우리나라가 채택한 5년 단임의 대통령제와 점차 양극화되어가는 정치 지형을 일컫는다. 다음 정부가 들어서면 항상 그래왔듯이 지난 정부의 색깔을 지우기 위해 노력할 것이고, 정치가 양극화되어 있을 때에는 더욱 그러하다. 반면 경제적·사회적 불확실성이란 기술의 진보, 세계화, 조직의 대형화 등을 포함한 다양한 사회·경제적 변화로 인해 점차 규제의 대상인 위험요인이 복잡·다변화되는 현상을 뜻한다. 일부 학자들이 현대사회를 위험사회로 규정한 이유도 바로 이러한 이유 때문이다.

이렇듯 경제·사회·정치적 불확실성이 존재할 경우, 관료사회는 주도적으로 규제개혁을 위해 움직일 인센티브가 없다. 위험회피적인 관료사회는 정부의 개혁 노력에 적극 동참할 경우 규제의 철폐·완화에 따른 직접적 이득은 국민들과 집권 여당에게 돌아감에도 불구하고, 그 불확실성에 따른 책임은 본인들이 져야 하기 때문에 움직일 이유가 없는 것이다. 감사원이 정책감사를 수행할 경우, 이러한 경향이 더욱 강화될 수 있다. 역대 많은 정부에서 규제혁신을 위한 노력을 했지만 그 성과는 지지부진했던 원인 중 하나다.

패러다임의 전환이 필요하다
| 민주주의형 규제개혁(Bottom-up)을 고민해보자 |

정부의 규제개혁, 그렇다면 과연 어떻게 보완·발전시켜야 될 것인가? 이 물음에 답을 하기 전에 현대 민주주의 사회에서 행정조직을 움직이는 두 가지 원동력에 대해서 설명하고자 한다.

첫 번째는 바로 시장경제체제의 힘이다. 1980년대 계획경제체제의 몰락과 함께 영국 대처Thatcher 정부와 미국 레이건Reagan 정부에서는 시장경제체제의 논리를 정부의 의사결정원리에도 도입했다. 민영화와 소위 말하는 신新공공관리 움직임에 따른 연봉제 도입 등이 모두 여기에 해당한다. 두 번째는 바로 풀뿌리 민주주의의 힘이다. 행정조직은 정치권력의 힘에 영향을 받고, 정치권력은 곧 국민들의 의견에 귀를 기울일 수밖에 없는 것이다.

현대 민주주의 사회에서의 규제개혁은 중앙정부 주도의 톱다운 방식이 아니라 오히려 시민과 지방정부 주도의 바텀업Bottom-up 방식(이하 민주주의형 규제개혁)으로 그 패러다임을 전환할 필요가 있다. 민주주의형 규제개혁에서 시민들은 지방정부에, 그리고 지방

■ 바텀업 방식의 정치 피라미드

정부는 중앙정부에 규제 개선에 대한 건의를 하게 된다. 이 패러다임하에서 중앙정부의 가장 중요한 역할은 투명성을 유지하고 관리하는 데 있다. 중앙정부 주도방식과 가장 큰 차이점은 중앙정부가 규제를 완화하도록 강요하지 않는다는 점이다. 지방정부가 규제를 완화하지 않고 오히려 강화하고자 한다면, 중앙정부에서 할 일은 그것을 막는 것이 아니고, 그 사실 그대로를 투명하게 국민들에게 전달하면 되는 것이다.

구체적으로 말하자면 첫째, 중앙정부는 현재의 규제등록시스템을 확대하고 개편하여 모든 정부규제와 그 개선과정이 책임소재와 함께 명확히 관리될 수 있는 시스템으로 만들어 나가야 한다. 즉, 규제 개선에 대해 건의를 한 것이 적절하게 조치되지 않는 경우, 그것이 지방정부의 책임인지 중앙정부의 책임인지가 국민들 입장에서 쉽게 파악될 수 있어야 한다. 더불어 지방정부의 규제가 중앙정부의 위임 범위를 벗어난다면 그 사실을 공개하여 국민들의 평가를 받도록 해야 한다. 둘째, 각 지방정부의 정책들도 투명하고 공정하게 비교하도록 하여 지방정부 간 경쟁이 유도되어야 한다. 셋째, 어떤 특정 집단의 국민들 의견

이 마치 전체 국민들의 의견을 대표하는 것으로 오해되지 않도록 모든 정책과정이 인터넷을 통해 실시간으로 열려 있어야 하겠다.

민주주의형 규제개혁은 앞서 언급한 중앙정부 주도형의 두 가지 문제점을 일정 수준 극복할 수 있다. 많은 규제들이 중앙정부보다 지방정부에서 생성 또는 집행되는 현실에서 지방정부가 개혁의 대상이 아니라 개혁의 주체가 되도록 전환하기 때문이다.

또, 점차 복잡·다변화 되어가는 위험요인들을 관료 주도로 평가하여 개선하는 방식에는 근본적인 한계가 있을 수밖에 없다. 그 수많은 규제들을 관료들이 일일이 파악하는 것조차 불가능하리라 생각한다. 패러다임을 전환하여 시민들과 그 요구에 민감하게 움직이는 지방정부가 움직여야 한다. 중앙정부는 이 모든 과정을 투명·공정하게 관리할 책임이 있다. 최근 가히 혁명적이라 할 수 있는 인터넷 기반의 정책 플랫폼, 빅데이터, 클라우드 기반의 정책 환경이 본 정책의 성공에 필수적이다.

민주주의형 규제개혁이 중앙정부 주도형과 비교해 반드시 더 바람직하다는 뜻은 아니다. 단지 이 방식이 아니면 규제개혁을 위한 노력이 위에서 언급한 이유로 인해 실질적 성과를 만들어내기 힘들 것이라는 뜻이다. 중앙정부가 개혁을 주도할 경우, 그 정책의 과실은 정권에게 돌아가지만 불확실성에 따른 책임은 관료사회가 지게 되어 효익과 비용의 귀속주체가 일치하지 않는다. 개혁이 지지부진할 수밖에 없는 이유다. 반면 민주주의형의 경우, 더 큰 정치인으로 성장하려는 지방자치단체장들이 개혁의 성공과 실패의 부담을 모두 지게 되므로 보다 효과적인 추진이 가능하다.

또 민주주의형 규제개혁을 실제 도입할 때 걸림돌이 예상되는 것도 사실이다. 예상되는 가장 큰 어려움은 지방의회에 대한 감시가 현실적으로 어렵다는 점이다. 언론과 국민들의 눈과 귀는 국회에 집중되어 있고, 지방의회는 별다른 감시와 견제를 받지 않는다. 이러한 상황에서 만약 지방의원들이 각종 이권에 개입하는 현재 풍토가 개선되지 않는다면, 중앙정부에서 아무리 지방행정의 투명성을 개선하기 위해 노력한다 해도 소기의 목적을 달성하기 어렵다. 즉, 민주주의형 규제개혁이 성공하기 위해서는 반드시 풀뿌리 민주주의가 성숙해야 하며, 그중에서도 지방의회에 대한 개혁이 선행되어야 한다.

홍순만

연세대학교 행정학과 교수. 1976년 서울에서 출생했다. 연세대학교에서 경영학과를 졸업한 후 삼일회계법인 공인회계사, 외교통상부 통상교섭본부 행정사무관, 그리고 맥킨지앤컴퍼니(Mckinsey & Company) 컨설턴트로 근무했다. 이후 하버드 케네디 스쿨에서 정책학 석사를 취득하고, 하버드 일반대학원(Graduate School of Arts and Sciences)에서 정책학 박사를 취득했다.

정치

선거 없는 2015년…
정치를 감시하라

시민이 고민하고 행동하는 의정감시

선거 때가 되면 먼저 악수를 청하는 대통령이나 국회의원 후보자들을 지하철역 주변이나 대로변에서 어렵지 않게 볼 수 있다. 방송을 통해서나 볼 수 있었던 사람들인지라 연예인만큼이나 쉽게 주목을 끈다.

한데 그들을 지켜보다 보면 우리를 위한 '정치적 대리인'이라기보다는 크게 걸린 도박판에서 한방 걸어보는 '거친 노름꾼'처럼 보인다. 목이 쉬어가며 국민을 지켜주겠노라고 큰소리치지만, 귀에만 맴맴 울릴 뿐 마음까지 소리가 다다르지는 못한다. 며칠 안 되는 선거운동 기간만 열심히 하고 나머지 몇 년은 편하게 사는, 그들의 '노동시간 대비 효과'는 아마 국내 최고일 것이다. 물론 낙선이라는 최대의 리스크도 있으니 좀 공평한 것 같기도 하고.

그런데 2015년은 정치인 특히 선출직 공무원들의 손을 잡거나 목소리를 들을 기회가 없을 것같다. 2015년에는 선거가 없다. 대통령을 뽑는 대선은 2017년 12월 20일에 있고, 국회의원을 뽑

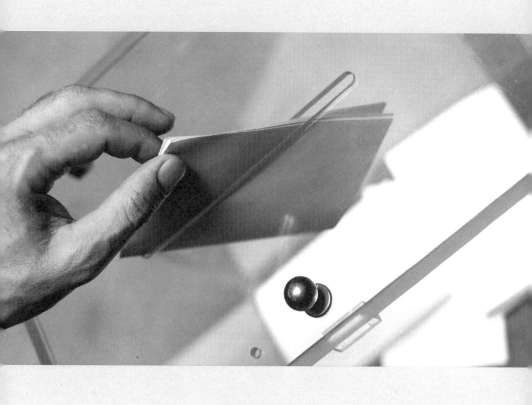

는 총선은 2016년 5월 30일, 시·도지사 등 지방 자치단체장을 뽑는 지방선거는 2018년 6월에 예정되어 있다.

선거가 없다는 것은 정치인들이 2015년 한 해 동안 국민들의 직접적인 눈치를 볼 일이 없다는 뜻이기도 하다. 그래서인지 최근 들어 '개헌'이나 '세금' 등 선거가 동반된 시기에는 언급조차 못했던 문제들을 드세게 이야기하고 있다. 정치인들이 이런 배짱을 부릴 수 있는 배경에는 워낙 많은 사건들이 일어나는 한국사회에서 자신들의 행동과 언행이 곧 잊힐 거라고 확신하기 때문이다.

선거가 없는 2015년, 우리가 정치인들을 공개적으로 불러내야 한다. 선거운동 때만 고개 숙이고 악수를 청하는 그들을 불러내야 한다. 선거가 없는 2015년은 우리의 메시지를 어떻게 정치권에게 전할 것인지 고민하고 행동해야 할 때다.

선거와 선거 사이
| 긍정적인 감시의 필요 |

직장에서 알게 모르게 상사의 감시를 받는다. 인터넷에서 스포츠 또는 연예 기사를 읽고 있으면 이상하게도 바로 눈치를 채고 추가업무 태클이 들어온다. 잠시나마 채팅이라도 하면 키보드 소리가 거슬리는지 상사의 따가운 눈초리를 느낄 수 있다. 가정에서는 전권을 가진 아내의 감시를 받는다. 언제 술을 마시고 친구를 만나고 회사 회식을 하는지 아내의 감시망을 빠져나갈 수가 없다.

회사에서는 월급을 주는 사람이 월급 받는 사람을 감시하고, 가정에서는 통장을 쥐고 있는 사람이 용돈 받는 사람을 감시한다. 감시는 '단속을 위해 주의 깊게 살펴보는 행위'다. 감시라는 제도가 아니더라도 회사 또는 가정에서 직원이나 가족이 아무 탈 없이 업무나 생활을 잘하는지 신경 써서 지켜보는 것은 당연하다. 직장에서 상사의 관심은 당연한 것이고, 가족 내에서 다른 구성원의 관심은 반드시 필요한 요소다.

보통 일상생활 속에서 이루어지거나 받아들일 수 있는 감시에는 패턴이 있다. 월급을 주는 사람이 월급을 받는 사람을 감시한다. 용돈을 주는 사람이 용돈을 받는 사람을 감시한다. 다시 말하면 권한을 주는 사람이 권한 받는 사람을 관심 있게 지켜본다. 본인이 넘겨준 힘을 받은 사람이 잘 사용하고 있는지 감시하고, 잘 사용할 수 있도록 안내한다. 하지만 정치인과 국민들 사이에는 자연스러운 감시가 존재하지 않는다. 오히려 반대의 감시가 더 자연스럽다. 이명박 정부의 민간인 사찰 사건, 2012년 18대 대통령 선거 당시 (박근혜 vs 문재인) 국가정보원 여론조작 사건, 박근혜 정부의 카카오톡 사찰 논란 등을 보면 알 수 있다.

투표를 통해 정치인들은 국민을 대표할 권한을 받지만, 그 권한을 받은 이후로 다음 선거가 있을 때까지는 국민은 아무런 단속이나 제제를 할 수 없다. 선거와 선거 사이, 정치인들과 국민들은 유기적으로 소통하지 못한다. 그래서 우리는 '감시'해야 한다. 눈을 마주봐야 대화할 수 있다. 그들이 우리를 바라보지 않는다면 우리가 쳐다보고 그들의 시선을 고쳐주어야 한다. 우리가 지켜보고 있다는 것을 알려주어야 한다. 긍정적인 감시, 그 시작이 의정감시다.

인터넷은 정치도 바꿀 수 있다
| 열린 조직과 수평적 커뮤니케이션 |

의정감시는 인터넷의 발전과 관련이 깊다. 인터넷은 사회의 커뮤니케이션 방향을 변화시켰다. 과거에는 정부에서 시민으로 정보가 한 방향uni-direction으로 전달되는 구조였다면, 인터넷의 등장으로 시민에서 정부로 정보가 전달되는 양방향bi-direction 커뮤니케이션으로 바뀌었다. 그리고 페이스북, 트위터, 블로그 등 SNS가 사회의 메인 스트림에 자리를 잡으면서 시민과 시민이 연결되는 다방향multi-direction 네트워크 커뮤니케

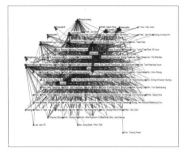
■ 미국 정치 관련 블로그 하이퍼링크 지도

이션이 가능한 사회가 되었다. 얼마 전만 해도 국회가 법을 만들고 국민에게는 입법 사실만을 전달하는 것이 전부였지만 지금은 정부 부처 게시판, 국회 홈페이지, 이메일, 입법청원 등의 방법으로 국민 스스로가 의견과 법안을 전달하는 것이 가능해졌다. 또 뜻을 같이하는 온라인 커뮤니티나 다양한 형태의 사이버 공간 모임 활동도 과거 정치적 모임과는 많은 점에서 달라졌다.

또한 인터넷은 커뮤니케이션뿐만 아니라 조직의 형태에도 변화를 가져왔다. 인터넷은 소통과 협업에 필요한 비용을 절감시켰고 소통의 속도 또한 증가시켰다. 이러한 이유로 분권형, 개방형 조직이 나타나기 시작한다. 인터넷이 발전하기 전의 조직들을 높은 담으로 둘러싸인 성城이라고 한다면 인터넷 이후의 조직은 불가사리 또는 스펀지(해면)에 비유할 수 있다.

인터넷이 있기 전에는 조직 자체가 폐쇄적이고 정보도 방대하지 못했으며 조직 내외의 구분이 명확했다. 또한 핵심적인 조직(본사, 본부)이 존재했으며 수직적인 커뮤니케이션을 중요시했다. 하지만 인터넷이 널리 보급된 이후로는 본사가 없는 수평적인 조직, 모두가 책임자인 불가사리 같은 조직, 풍부한 자료나 데이터를 클라우드 소싱cloud sourcing하고 개방적으로 외부 조직과 협업을 이루어내는 스펀지 같은 조직으로 변화되었다. 특히 스펀지 조직은 오픈소스에도 장점을 가지고 있는데 오픈소스와 크라우드소싱Crowdsourcing을 통해 웹브라우저를 만드는 모질라

불가사리(왼쪽)와 스펀지(오른쪽)

재단Mozilla Foundation이 좋은 예다.

인터넷으로 야기된 두 가지 사회 변화—커뮤니케이션 방식과 조직의 변화—는 의정감시의 좋은 토양이 되었다. 그러나 이 모든 일의 기본 목표는 시민의 참여를 유도하는 것이며, 대중의 관심을 받지 못한 의정감시는 성공하기 어렵다. 의정감시의 최대 에너지는 대중의 관심이 극대화되었을 때 발생한다. 이해, 관심, 공감 등 사람의 이해가 하나로 뭉치고 그 힘을 정치인들이 감지할 때 시작된다.

인터넷은 의정감시에 필요한 가장 훌륭한 토양이다. 이제 알맞은 씨seeds를 인터넷에 심기만 하면 된다. 사람들의 관심을 지속적으로 모을 수 있는 흥미롭고 새로운 아이디어를 통해 공감과 감동을 얻어내는 것이 이 일의 시작인 것이다. 그렇게 마련된 자유롭고 진취적인 인터넷 환경 속에서 적극적인 참여는 확장되고, 네트워크화된 시민들이 정부와 국회의 정보를 받아 의견을 수렴하는, 우리나라에 꼭 필요한 의정감시가 탄생하게 되는 것이다.

우리나라에 잘 알려지지 않았지만 몇몇 주목할 만한 의정감시 사이트가 있다. 국내의 의정감시 사례를 소개하기에 앞서 외국의 사례를 살펴보면서 의정감시에 대한 아이디어를 얻기를 바란다.

정치인의 돈과 말을 감시하라

| 오픈시크릿(Opensecrets.org)과 폴릿웁스(Politwoops) |

미국 정치는 돈을 빼고는 설명이 불가능하다. 그래서 '반응하는 정치를 위한 센터Center for Responsive Politics'라고 불리는 비영리단체에서는 선거자금 및 로비자금 등 정치에 관련된 돈에 대한 자료를 시민에게 공개한다. 이를 오픈시크릿Opensecrets.org이라는 사이트를 통해 공개하는데, 정치자금에 관련해서 여기만큼 많은 자료를 보유하고 있는 곳은 없다. 예를 들어 2012년 미국 대통령 선거자금을 검색하면, 후보자가 마련한 전체 금액, 사용한 금액, 본인이 부담한 금액, 남아 있는 현금액 등 전체적인 정보와 기부한 단체 목록 및 금액, 산업별 기부내역, 그리고 개인 기부자도 검색이 가능하다. 내 친구가 누구를 지지하고 얼마를 기부했는지 알고 싶으면 오픈시크릿에서 검색하면 바로 알 수 있다.

선거자금뿐 아니라 로비자금에 대한 정보도 포함하고 있다. 실제 어떤 단체가 로비를 가장 많이 하고 얼마나 사용하는지가 사이트에 구체적으로 나와 있다. 방대하고 구체적인 정보로 인해 오픈시크릿을 통해 노출되는 많은 정보는 언론사들에 의해 종종 기사화되고 있다.

1996년에 시작된 오픈시크릿은 의정감시를 하는 외국의 수많은 조직들에게 직간접적으로 많은 영향을 끼쳤다. 요즘 국내에서는 국회의원의 출판기념회가 음성적인 정치자금 모금 창구로 활용된다는 비판이 각종 정치단체나 언론을 통해서 쏟아져 나오고 있다. 하지만 이에 대한 구체적인 해결방법이나 제도 개선은 이루어지지 않고 있는 실정이다. 이렇게 두고 보다 보면 다음 20대 국회의원 선거 때도 아무런 규제 없이 '돈이 오가는 출판기념회'가 다시 시작될지 모른다. 우리의 사례를 보더라도 오픈시크릿과 같은 서비스가 한국에 반드시 필요하다. 실제로 돈의 움직임을 공개한다면 국회의원의 행동(?)을 보다 쉽게 이해할 수도 있을 것이다.

▌오픈시크릿

의정감시의 시작이자 가장 중요한 요소는 시민의 관심이다. 정보를 모아서 잘 진열해놓는다고 해도 아무도 보지 않는다면 어떠한 의미도 없다. 그래서 지속적으로 시민의 관심을 끌 수 있는 서비스가 매우 중요하다. 네덜란드의 오픈스테이트파운데이션Open State Foundation에서 제작한 폴릿웁스Politwoops는 정치인들의 유머와 실수 등을 활용해 사람들의 관심을 끄는 사이트로, 어찌 보면 딱딱해 보이는 의정감시를 친근하게 소개하고 있다.

폴릿웁스는 정치인의 삭제된 트윗을 수집하여 시민에게 제공한다. 간단한 오타부터 큰 말실수까지 삭제된 모든 기록을 공개한다. 대부분이 사소한 오타 또는 의미 없는 트윗이지만, 간간히 현직 대통령의 이름을 잘못 표기한다든가 특정 사회계층을 비하한다던가 하는, 기사로 대문짝만 하게 나올 만한 트윗들도 볼 수 있다. 또한 폴릿웁스에서는 포스팅을 언제 삭제했으며 얼마나 오랫동안 공개했는지에 대한 정보도 함께 제공한다. 현재 폴릿웁스에서는 대한민국을 포함한 38개국에

■ 폴릿웁스에서 보여주는 정치인의 삭제된 트윗

대한 서비스가 제공되고 있다.

한국 정치인들 하면 '말실수' 아닌가. 이 사이트를 한국에 만들면 왠지 '개그콘서트'보다 재미있을 것 같다는 생각이 든다. 소재도 끊이지 않을 테고 많은 시민들의 관심을 받을 수 있을 것 같다.

모으고 정리하고 확산하라

| 가버트랙(Govtrack.us)와 오픈콩그레스(OpenCongress.org) |

의정감시와 관련해서 단연 최고의 서비스는 미국의 가버트랙Govtrack. us이다. 가버트랙은 의정감시의 선구자라 해도 과언이 아니다. 가버트랙은 토마스THOMAS라고 불리는 미 국회도서관The Library of Congress에서 운영하는 입법정보 온라인 서비스의 방대한 정보를 시민에게 보다 쉽게 전달

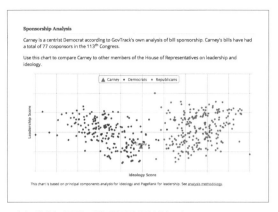

하고자, 2004년에 조슈아 토우버Joshua Tauberer의 취미활동에서 시작했다. 435명의 하원의원, 100명의 상원의원, 한 회기에 다루어지는 약 1만 건에 대한 정보, 하원의원의 의정활동 정보, 상하원 의원의 정치적 성향을 분석한 자료, 의안별 세부정보 및 입법 가능성 정보들을 제공하고 있다. 무엇보다 놀라운 사실은 이들 정보를 조슈아 토우버 혼자서 처리한다는 것이다. 가버트랙은 미국의 많은 의정감시 서비스에 소스를 제공하는 사이트가 되었고, 2012년 한 해 약 5,000만 명 이상이 이용했다. 수익은 사이트 광고를 통해 얻는다.

가버트랙의 자료를 이용해 운영되는 의정감시 서비스가 바로 오픈콘그레스OpenCongress.org다. 가버트랙에서 제공하는 자료들 대부분을 오픈콘그레스에서도 볼 수 있는데, 가버트랙이 의회정보를 데이터베이스화하고 자료를 전달하는 데 중점을 두었다면, 오픈콘그레스는 시민의 참여와 소통에 초점을 맞춘 서비스를 제공한다.

오픈콘그레스를 만든 것은 선라이트 파운데이션The Sunlight Foundation과 참

오픈콘그레스

여정치재단Participatory Politics Foundation의 공동 프로젝트였다. 이곳에서는 상하원의원을 직접 평가할 수 있는데, 사용자의 평균점수가 지지율로 제공된다. 또한 사용자는 각 의원들에게 이메일 또는 SNS를 보내거나 공유할 수 있다.

가장 두드러지는 차이점은 사용자가 커뮤니티를 직접 만들 수도 있고, 관심 있는 정치인, 지역, 의안에 맞춰 다양하게 참여할 수 있다는 것이다. 오픈콘그레스는 가버트랙의 데이터에 시민들의 주관적인 해석과 대안, 행동을 추가한 발전적인 형태의 의정감시 서비스라고 할 수 있다. 시민들은 오픈콘그레스를 통해 협업을 하면서 효율적으로 의정을 관찰할 수 있다.

가버트랙과 오픈콘그레스는 시민이 지속적으로 의정에 관심을 가질 수 있도록 흩어져 있는 정보를 모으고 이해하기 쉽게 정리해놓았다. 그리고 시민의 관심이 이어질 수 있도록 소그룹 만들기, SNS 공유하기, 알림메일 받기 등 다양한 서비스를 추가로 제공한다. 성공적인 의정감시가 되려면 다수의 관심이 반드시 필요하다. 그래서 두 사이트와 조금씩 차이는 있지만 비슷한 서비스를 제공하는 서비스가 많다. 가버트랙의 경우 API(응용프로그램에서 사용할 수 있도록 만든 인터페이스의 집합체)를 제공하여 보다 많은 사이트에서 의정정보를 공유할 수 있도록 돕고 있다.

의정의 국민 참여, 감시가 아니라 놀이가 되어야 한다
| 한국 의정감시의 방향 |

박근혜 정부 시작과 동시에 '정부 3.0'이 발표되었다. 정부 3.0은 정부기관이나 지방자치단체가 보유한 공공정보를 누구나 손쉽게 활용하고 이를 통해 새로운 가치를 창조하자는 공공정보 개방운동이다. 2009년의 '정부 2.0'이 국민 중심의 제한된 정보공개/참여를 핵심가치로 내걸었다면, 정부 3.0은 이미 진화된 형태로서 국민 개개인 중심의 능동적 공개/참여를 지향한다. 아직 미국은 정부 2.0을 실천하고 있다. 하지만 미국의 2.0이 한국의 3.0보다 훨씬 앞서 있는 것처럼 느껴지는 것은 왜일까. 미국의 경우 의정감시뿐만 아니라 공공데이터도 훨씬 용이하게 열람할 수 있으며 컴퓨터로 간단하게 접근할 수 있고 다루기도 쉽다. 서비스의 타이틀이 중요한 게 아니라 누가 어떤 정보를 어떻게 사용할 수 있는가가 먼저 고민되어야 한다.

한국의 의정감시 사이트로는 참여연대의 '열려라 국회' 사이트가 있고, 법률소비자연맹에서 '국정의정 모니터단'과 '국정감사모니터단'을 운영하고 있다. '열려라 국회'가 가지는 문제점은 참여연대가 가지고 있는 정치적 성향과 사이트 자체의 매력이 부족하다는 것이다. 미국 등 외국의 의정감시 서비스는 하나같이 정치적 중립을 강조하며 이를 실천하고 있다. 만약 정치적인 중립이 지켜지지 않는다면 의정감시에 있어 큰 마이너스 요소로 작용할 수 있다. 그리고 사용자(시민)들의 지속적인 관심을 불러일으키는 것이 매우 중요하기 때문에 사이트를 매력적으로 만들 필요가 있다. 즉, 사용자들이 놀 수 있고 쉽게 볼 수 있도록 만들어주어야 한다. 특히 한국의 정치문화 속에서, '우리의 정치'가 아닌 '그들의 정치'처럼 보이는 원인은 정보의 비대칭성에 있다. 그러기에 정보를 쉽게 나열하고 보여줄 수 있어야 한다.

의정감시는 투명성 향상을 위한 사회운동Transparency Movement과 열린 정부를 위한 사회운동Open Govenment Movement에 속한다. 핵심가치는 정보공개를 통해 투명성을 높이는 데 있다. 법률소비자연맹의 모니터단은 정보공개에 있어 아쉬움이 많다. 보도자료를 통해 활동내용과 결과를 시민들에게 공개하지만, 실현 과정을 보여주지는 않는다.

이미 공개된 정보를 수집 및 가공하는 서비스와 달리 실제로 국회 내에서 의정활동을 직접 관찰하고 수집하는 정보가 필요하다. 아마 의정활동의 기초자료와 그 과정이 공개되기만 한다면 의정감시에 큰 획을 그을 수 있을 것이다. 하지만 현시점에서는 이러한 정보가 제공되지 않고 있다.

대한민국에서는 의정감시 서비스를 제공함에 있어 몇 가지 어려움이 있다. 국회 및 정부에서 제공하는 자료가 컴퓨터를 활용하기에 적합하지 못하다. 특히 국회의 경우 모든 자료가 한글문서 또는 PDF로 제공되는데, 이 경우 컴퓨터를 활용해 2차적인 자료로 가공하려면 많은 과정이 필요하다. 자금과 인력이 있으면 가능하겠지만 수익이 발생하지 않는 일에 자금과 인력이 투입될 이유가 없다. 또한, 정치적 중립을 지키기 위해서는 독자적인 활동이 가능한 단체가 운영해야 한다. 다시 말해 정부와 정당 어디에도 속하지 않은 단체여야 한다. 그러나 대한민국의 비영리단체는 정부의 관리를 받는다. 그러니 시작부터 정부에 속하지 않을 방법이 없다. 게다가 독자적 활동이 가능하기 위해서는 자금과 인력이 충분해야 하는데, 대한민국 비영리단체가 이 두 가지를 해결하기란 쉽지 않다. 위에 언급한 문제를 모두 해결하고 서비스를 론칭했다고 가정해도, 사용자를 확보하는 것이 쉽지 않다. 사용자의 관심을 현실화하는 것이 그만큼 어려운 탓이다.

인터넷의 발전과 의정감시는 밀접한 관련이 있다고 앞서 설명했다. 그럼 대한민국처럼 인터넷과 스마트폰이 잘 보급된 나라에서 왜 의정감시가 발전하지 못했을까? 법, 제도, 시스템 등 많은 요소가 복합적으로 작용했겠지만 강조하고 싶은 것은 인터넷 생태계의 차이다. 대한민국은 네이버와 다음이라는 양대 포털사이트가 대부분의 인터넷 트래픽을 발생시킨다. 모바일도 마찬가지다. 미국은 포털사이트보다는 구글이라는 검색엔진을 통해 다른 사이트로 이동한다. 이때 네이버와 구글 사이에는 큰 차이가 존재한다. 네이버는 사용자를 수동적으로 만들고 구글은 사용자를 능동적으로 만든다. 네이버에 가면 메인페이지에서부터 수많은 정보를 보여준다. 사용자가 능동적으로 필요한 정보를 찾기보다는, 주어지는 정보를 수동적으로 소비하는 구조다. 네이버 사

▌ 네이버(왼쪽)와 구글(오른쪽)

용자에게 최종 목적지는 다른 사이트가 아닌 네이버다. 하지만 구글은 메인페이지에 검색창 하나가 등장하는 게 전부다. 원하는 정보나 검색어가 없으면 사용할 이유가 전혀 없다. 구글은 사용자를 구글이 아닌 다른 목적지로 안내하는 역할을 수행한다.

위에 소개한 모든 서비스는 웹기반이다. 즉, 웹사이트를 통해 정보를 제공하는 것이다. 구글을 이용하는 사용자는 의정감시 사이트에 접속해 정보를 소비하는 것이 익숙하지만, 네이버 사용자는 네이버에서 정보가 노출되지 않는 한 다른 목적지로 이동하면서 정보를 소비할 확률이 낮아진다. 의정감시는 그 자체가 매우 능동적인 행위다. 관심을 가지고 관찰하는 행위가 감시이고, 또 감시의 대상은 우리에게 항상 실망을 안겨주는 국회다. 그래서 네이버와 같은 포털이 '대문지기 역할'을 하는 환경에서는 수동적인 사용자로 하여금 능동적인 행동을 하게 만드는 것부터가 의정감시를 활성화하고자 하는 사람들에게 큰 장벽이다.

세비를 주는 사람이 세비를 받는 사람을 감시해야 한다. 먼 산 불구경처럼 느껴지지만 사실은 내 앞마당 또는 뒷마당에 불이 난 경우다. 국회에서 논의하고 통과시키는 의안 하나하나가 대한민국 국민의 삶에 영향을 준다. 예를 들면 얼마 전 핸드폰이 고장 났는데 단말기 유통구조 개선법이 통과된 이후라 보조금도 얼마 받지 못하고 바꿔야 했다. 의정감시와 공약추적을 이야기하면 항상 나오는 이야기가 '유권자가 관심이 없기 때문에' 정치인들이 공약을 이행하지 않고 의정활동도 충실히 하지 않는다는 것이다. 당연히 정치가 직업인 정치인이 유권자보다 앞서서 평가할 수 있고 지킬 수 있는 공약을 내놔야 하며, 믿고 지켜볼 수 있는 투명한 의정활동을 해야 한다. 하지만 지금의 대한민국 정치를 보면, 유권자들 스스로가 내가 주는 세비를 받는 정치인이 어떻게 활동하는지 먼저 지켜볼 필요가 있다. 우리가 준 권한을 얼마나 잘 활용해 더 나은 대한민국을 만들어가는지 우리가 지켜봐야 한다.

김대식

사단법인 열린연구소의 설립자 및 소장. 1982년 대구 출생. 미국 조지타운대학교에서 사회학과 경제학을 공부한 뒤 하버드 케네디 스쿨에서 공공정책 석사를 취득했다. 미국에서 발전된 정치를 공부하고 경험하면서 대한민국에도 인터넷을 통한 정치정보의 공개가 필요하다고 느껴 사단법인 열린연구소를 2012년에 설립했다. 사단법인 열린연구소에서는 의정감시, 국회의원 성향평가, 대선공약 추적등의 활동을 진행하며, 장기적으로 정치데이터베이스를 만들려고 한다.

국제사회

말랄라를 아시나요?

포스트-2015의 진단과 전망

2012년 기준 하루 1.25달러 이하 생활자는 약 12억 명. 전 세계 인구 다섯 명 중 한 명꼴로 극심한 빈곤 상황에 처해 있는 셈이다. 특히 절대빈곤 인구 중 30퍼센트를 차지하는 어린이들의 상당수는 기본적인 교육 기회에서 소외될 뿐 아니라, 질병과 영양실조, 분쟁 등의 위협 속에서 살아가고 있다. 개발도상국에서는 가난에서 벗어나기 위해 죽음을 감수하고 국경을 넘는 이주민의 행렬이 이어지고 있다. 선진국도 예외는 아니다. 불과 몇 년 전, 뉴욕 월가 등에서는 세계의 부를 독점한 1퍼센트를 향한 99퍼센트의 울분이 폭발했다.

"새로운 형태의 가난을 만들어내고 노동자들을 소외시키는 비인간적 경제모델들을 거부하기를 빕니다." 2014년 8월 방한한 프란치스코(Francis) 교황이 남긴 말이다. 세계를 뒤덮은 빈곤과 불평등의 덫에서 탈출하기 위해서는 개발 또는 발전(development)에 관한 새로운 관점과 목표가 필요한 시점이다.

　2000년, 새천년을 맞이하며 세계 각국의 정상들은 새천년개발목표(MDG)를 선정했다. 15년의 시간을 두고 빈곤 퇴치와 보편교육, 영유아 보건 달성, 양성평등을 비롯한 8개 분야의 공동 개발 목표를 실현하겠다는 야심찬 계획이었다. 그리고 바로 내년인 2015년, 지구촌의 미래를 위한 이 약속이 평가를 받을 차례다.

　이 장에서는 목표 시한인 2015년을 앞두고 MDG의 성과와 좌절을 점검하고, MDG 이후 국제 사회의 새로운 약속이 될 유엔의 포스트-2015 개발 의제에 대해 살펴본다. 더불어 세계 최초로 원조를 받았던 국가에서 원조를 주는 국가로 전환한 한국이 향후 나아갈 방향에 대해 함께 고민하고자 한다.

전 세계 어린이들은 교육 받을 권리가 있다

| 2014년 노벨평화상의 의미 |

2014년 10월 10일 노벨 평화상 수상자가 발표되자 세계는 환호했다. 파키스탄 출신의 십 대 소녀인 말랄라 유사프자이Malala Yousafzai의 이름이 호명되었기 때문이다. 2년 전, 말랄라는 고향인 파키스탄 스와트 밸리에서 학교를 마치고 귀가하던 중 탈레반의 총에 맞았다. 가까스로 목숨을 건진 이후, 그는 교육의 가치를 몸소 증언하는 운동가가 되었다. 수술을 받기 위해 이주한 영국 버밍엄에서는 그토록 원하던 학교도 마음껏 다니고 있다. 그런 말랄라가 이제 역대 최연소이자 파키스탄 여성으로는 최초로 노벨 평화상 수상자가 된 것이다. 17세의 유색인 무슬림 소녀가 국제 무대에 평화의 상징으로 우뚝 선 날이었다.

말랄라와 함께 노벨 평화상을 받은 또 다른 수상자는 인도의 아동 인권운동가 카일라쉬 사티야티Kailash Satyarthi. 카일라쉬는 아동 노동이 만연한 인도에서 의무교육의 중요성을 널리 알린 공로를 인정받았다. 노벨위원회가 두 명의 교육운동가를 선정한 것을 두고, 교육이 평화의 근간을 이루는 힘이라는 점을 재확인했다는 분석이 나왔다. 또한 오랜 앙숙 관계인 인도와 파키스탄이 나란히 노벨 평화상의 영예를 누리게 됨으로써 두 나라에 평화가 깃들기를 희망하는 관측도 나왔다. 노벨위원회 역시 "힌두와 무슬림, 인도와 파키스탄이 극단주의와 교육을 위한 싸움을 함께할 수 있다는 점에 주목한다"고 밝혔다.[1]

그런데 더욱 주목할 만한 사실은 말랄라와 사티야티의 활동 터전

▌ 말랄라(왼쪽)와 카일라쉬(오른쪽)

이 개발도상국이라는 점이다. 의무교육이 정착된 선진국들과 달리, 상당수 개발도상국에서 교육은 여전히 사치스럽거나 예외적인 일로 다뤄지는 경우가 많다. 심지어 신분이나 성별의 차이에 따른 교육 기회의 차별이 당연하게 받아들여지기도 한다. 빈곤한 나라일수록 부모들마저 자녀를 교육하기보다 농장 등 일터에 보내는 것이 생활에 더 보탬이 된다고 생각한다. 심지어 일부 문화권은 말랄라와 같은 어린 소녀들이 학교에 가는 것을 터부시한다. 교육이 기본권이라는 개념이 충분히 확립되지 않은 것이다.

말랄라는 이처럼 교육에서 소외된 어린아이들을 대변하여 목소리를 높였다. 어린 시절부터 누구에게나 교육 받을 권리가 있다는 사실을 알리고자 행동에 옮겼다. 탈레반의 위협에도 굴하지 않고 웹사이트에 배움의 즐거움과 중요성을 알리는 글을 썼다. 무엇보다 매일 학교에 가는 일을 멈추지 않았다. 말랄라의 용기 있는 행동은 교육이 기본권이자 개발을 위한 필수 요건이라는 자명한 사실을 웅변했다. 교육은 개인의 성장은 물론, 사회의 발전에 필요한 기본적인 토대를 마련하는 데 있어 커다란 역할을 담당한다.

"(노벨상 수상은) 내가 시작한 운동의 끝이 아니라 시작이다. 나는 모든 어린이가 학교에 다닐 수 있기를 바란다. 아직도 5,700만여 명의 어린이가 교육을 받지 못하고 있다." 말랄라의 이 같은 발언은 개발도상국 어린이들이 처한 교육의 문제를 전한다. 동시에 모든 어린이에게 보편적 초등교육을 실현하겠다고 약속한 유엔의 새천년개발목표(이하 MDG)가 당면한 현주소를 여실히 드러낸다. 자연히 우리의 시선은 2015년을 향한다.

유엔의 세 가지 약속
| 2015년 MDG의 성적표 공개 |

2015년. 지구촌 빈곤 퇴치를 목표로 제정된 MDG의 달성 시한이다. 지난 2000년 세계 정상들은 교육·보건·여성·환경 등 8개 분야의 개발목표에 합의했다. 첫 번째 목표는 '2015년까지 지구촌의 빈곤을 2000년 수준의 절반으로 감축한다'인데, 거의 달성된 것으로 분석된다(표 1 참조). 즉, MDG는 애초부터 분명한 기준점과 목적지를 설정하고, 시간의 제약 속에 놓여 있는 약속이었다. 세계 각국은 지난 15년간 그 약속을 지키기 위해 달려왔다. 다시 말해, 2015년은 MDG의 성적표가 공개되는 해다.

	8대 목표	세부목표(target)
1	절대빈곤 및 기아 퇴치	1일 소득 1.25달러 미만 인구 절반 감축
2	보편적 초등교육 실현	모든 혜택 부여
3	양성평등 및 여성 역량 강화	모든 교육수준에서 남녀차별 철폐
4	유아사망률 감소	5세 이하 아동 사망률 2/3 감소
5	모성보건 증진	산모 사망률 3/4 감소
6	에이즈(AIDS) 등 질병 퇴치	말라리아와 에이즈 확산 저지
7	지속 가능한 환경	안전한 식수와 위생환경 접근 불가능 인구 절반 감축
8	글로벌 개발 파트너십 구축	MDG 달성을 위한 범지구적 파트너십 구축

표 1. 새천년개발목표(MDG)

　　말랄라의 외침이 2015년을 환기하는 이유도 바로 여기에 있다. MDG의 두 번째 목표인 '보편교육 실현'을 둘러싼 이슈들이 자리하고 있어서다. 그동안 가난한 국가들의 교육 여건은 극적으로 개선되었다. '유엔 새천년개발목표 보고서 2013-14'에 따르면 2000년 83퍼센트에 머물렀던 학령기 아동의 취학률은 2011년 90퍼센트에 도달했다. 그러나 MDG가 종료되는 2015년을 불과 한 해 남겨둔 지금 시점의 전망으로는 100퍼센트라는 목표에 도달하기 어려울 것으로 예상된다. 지역별로는 5,700만 명이라는 미취학 아동의 대다수가 개발도상국에 거주하며, 그중 절반 이상이 사하라 이남 아프리카에 거주하고 있다.

　　교육을 제외한 다른 분야별 목표 역시 엇갈린 성적표를 보여준다. 보건 관련 개발목표들을 보면, 유아 사망률이나 말라리아 사망률은 현격하게 낮아졌다. 하지만 극빈층 아동일수록 심각한 영양실조에 시달리고, 에이즈HIV / AIDS 감염자의 수가 아프리카에서 월등히 높게 나타나는 등 여전히 개선이 더딘 분야도 존재한다. 새로운 위협이 끊임없이 출현하는 까닭도 있다. 2014년 여름 서아프리카 지역을 강타한 '에볼라'라는 정체 모를 바이러스가 대표적이다.

지역이나 성별에 따라서도 MDG에 대한 평가는 차이를 나타낸다. MDG의 세 번째 항이 '양성평등'을 내걸고 있지만, 모든 영역에서 여성에게 고른 기회가 주어졌다고 보기에는 이르다. 특히 여성의 완전고용이나 생산적 일자리 기회는 미비한 실정이다.

절대빈곤을 완화한 측면에서 눈부신 성과를 거두었다고 평가받는 아시아태평양 지역도 속사정은 다르다. 빈곤의 기준이 되는 하루 1.25달러 이하로 생활하는 인구의 비율이 1990년 54.5퍼센트에서 2010년 20.7퍼센트로 급격하게 감소했다. 그럼에도 여전히 아시아에는 전 세계 극빈자의 60퍼센트가 거주하고 있다. 도리어 급속한 도시화로 인해 불평등이 심화되고, 도시 지역 빈곤층의 삶은 더욱 열악해지고 있다.

MDG의 세부적인 내용을 살펴볼수록 달성의 수준이 낮게 나타나는 이유에 대해서는 여러 분석이 가능하다. 우선 새천년을 앞둔 당시와 비교해 사회적 · 지구적 문제의 양상이 크게 달라졌다는 사실을 들 수 있다. 테러나 분쟁으로 인한 위협이 가중되는 한편, 개발도상국이 아닌 선진국에서도 소득 불평등으로 인한 격차가 심화되고 있다. 그 어느 때보다도 기후변화나 재난의 위험이 전 지구적으로 영향을 끼치고 있는 측면도 간과할 수 없다.

8개 목표와 21개 세부 목표로 구성된 MDG가 태생적으로 한계를 안고 있다는 지적도 제기된다. 발전의 정도나 구체적 내용, 특히 양적인 발전이 아닌 질적 차원의 발전을 계량화된 목표로 파악하기에는 역부족이라는 주장이다. 개발목표란 어디까지나 의제를 설정하거나 인식을 강화하는 '애드보커시Advocacy'의 기능 안에서 소임을 다한다는 의견도

▌ 해마다 태풍으로 재난을 당하는 필리핀 사람들

제기된다. 보다 근본적으로, MDG는 구체적인 해법이 아닌 소망을 담고 있다는 인식도 고개를 든다.

한편으로는 MDG가 애당초 가난한 나라에 부담과 책임을 지우는 구조였다는 비판도 뒤따른다. 선진국으로부터 개발원조 자금을 받지 않고서는 아무것도 할 수 없는 극빈국의 입장을 충분히 고려하지 않은 처사라는 것이다. 기후변화 대응을 둘러싸고 선진국과 개발도상국이 대립하는 모습과 닮은꼴이다.

2015년 이후, 새로운 개발 의제와 목표는?
| 포스트-MDG와 포스트-2015 |

2015년을 앞두고 MDG의 공과를 돌아보는 움직임이 더욱 활발하

게 전개되고 있다. 아울러 유엔 등 국제사회는 MDG 이후의 새로운 개발 의제와 목표를 마련하는 일에 한창이다. 바로 '포스트-MDG_{Post-MDG}' 또는 '포스트-2015_{Post-2015}'로 통칭되는 흐름이다.

포스트-MDG와 포스트-2015는 큰 틀에서 보면 비슷한 개념으로 이해할 수 있다. 하지만 범위 면에서는 포스트-2015가 보다 포괄적인 접근을 택한다. 포스트-MDG가 MDG의 후속 의제 발굴에 집중하는 것에 비해, 포스트-2015는 새로운 개발목표로 대두한 지속가능 발전목표Sustainable Development Goals(이하 SDG)에 관한 논의까지도 아우르기 때문이다.

SDG는 명칭 그대로, 지속가능 발전의 관점에서 MDG를 재구성하려는 움직임이다. 따라서 기저에는 기후변화나 생물 다양성 위기로 인해 인류는 물론, 생태계마저 위협받고 있다는 현실인식이 깔려 있다. 또한 지속가능 발전의 세 가지 기둥 ─경제적 번영, 사회적 형평성, 환경적 책임─ 을 포스트-2015 논의에 적극적으로 반영시키고자 촉구하고 있다. SDG가 2015년 이후 MDG를 대체할 국제사회의 새로운 개발목표로 부상한 것은 비교적 최근의 일이다. 지난 2012년 6월 브라질 리우에서 열린 리우+20 정상회의는 지속가능 발전의 관점에서 개발목표들을 세워 나가자는 데 합의하면서 오픈워킹그룹이라는 협의체를 만들었다.

현재 유엔은 다각도로 포스트-2015에 관한 논의를 펼치고 있다. 유엔이 주도하는 포스트-2015 논의의 절차는 다음과 같다. 먼저 MDG에 대한 국가별 지역별 보고서 검토와 주제별 협의를 거친 뒤, 이어서 유엔개발그룹(UNDG) 산하의 50여 개 국가별 협의가 이뤄진다. 최정점에는 반기문 유엔 사무총장이 2012년 설치한 '포스트-2015 개발 의제에

포스트-2015의 의제들(왼쪽)과 유엔 회의(오른쪽)

관한 유엔 고위급 패널United Nations High Level Panel on the Post-2015'이 있다. 영국과 인도네시아, 라이베리아의 수장들이 공동 의장을 맡고 있는 이 패널을 통해 MDG의 후속 목표와 새로운 의제들이 공식적으로 윤곽을 드러낸다. 이 과정에서 시민사회계의 목소리를 담으려는 노력도 활발하게 전개된다. '2015년을 넘어서Beyond 2015'로 명명된 이 캠페인은 각국 시민사회로부터 생생한 현장의 목소리, 즉 아래로부터의 의견을 전달하는 데 주력한다.

이처럼 포스트-2015를 둘러싼 절차적인 측면에서 가장 특징적인 것은 유엔이 하향식이 아닌 상향식 접근을 택한다는 점이다.[2] 국가 또는 지역 차원에서 몇 달 내지는 몇 년에 걸쳐 의견을 수렴하고 의제를 모으는 지난한 과정은, MDG의 좌절을 반복하지 않으려는 노력으로 풀이된다.

포스트-2015 체제의 이슈들

| 소수자의 권익, 인권, 문화 |

포스트-2015에 관한 내용적인 측면에서는 MDG와의 차이점이 관심을 모은다. 새로운 개발목표의 관건은 MDG보다 효과적인 목표를 도출하는 것이기 때문이다. 때문에 MDG에 견주어 상대적으로 주목받지 못한 주제들이 새로운 개발목표에 어떻게 반영되는지가 관전 포인트라고 할 수 있다.

그동안 MDG에서 중요성이 간과되거나 혹은 배제되었다고 지적된 주제들로는 여성, 소녀, 청년, 인권, 문화 등을 들 수 있다. 특히 여성이나 청년 등 소수자 집단의 권익옹호를 위해 일하는 단체들은 이들의 목소리가 좀 더 가시적으로 드러나야 한다고 주장한다. 예를 들면 성폭력이나 청년실업, 고용기회에서의 차별 등 이들의 발전을 직접적으로 저해하는 요소들에 대한 적절한 제도적 장치나 규범이 필요하다는 것이다.

또한 인권을 중시하는 측에서는 2015년 이후의 새로운 개발 의제를 인권의 관점에서 통째로 재점검하고 재구성할 것을 주장한다. 반기문 사무총장 역시 포스트-2015 논의의 대원칙으로 '인권에 뿌리박은 미래에 대한 장기적 비전'을 들기도 했다. 너무나 당연하게, 심지어는 다분히 선언적으로 들릴 수도 있는 주장이다. 하지만 자세히 살펴보면 상당히 구체적인 논지와 사례들이 주장을 뒷받침하고 있다. 세계인권선언 등과 같은 국제 인권규범이 제대로 이행되지 않는 경우 개개인에게 법적으로 구제를 요청할 권리가 주어져야 한다거나, 고삐 풀린 금융 자본주의를 견제하기 위한 규제정책이나 세금제도가 마련되어야 한다는 제안들이 그 예다.[3]

한편 포스트-2015 체제를 맞이하여, 아직까지 개발에 관한 논의에서 '주류'를 점하지 못한 영역들을 새롭게 조명하는 흐름도 나타나고 있다. 유엔 산하의 교육과학문화 전문기구인 유네스코UNESCO는 문화가 발전에 기여할 뿐 아니라 발전의 원동력이 될 수 있다고 주장하며, 포스트-2015 논의에 적극 참여해왔다. 또한 문화가 개발목표에 있어 여성이나 환경 등과 같이 범분야 이슈로 다뤄질 수 있으며, 실제 개발협력 사업을 추진할 때도 중추적 요소로 고려되어야 한다는 분석도 제기된 바 있다.[4]

국제이주와 포스트-2015 개발 의제의 연관성에 대한 논의도 이 같은 연장선상에 있다고 볼 수 있다. 국가 간 장벽이 허물어지는 세계화 속에서 막대한 자본의 이동 못지않게 두드러지는 현상이 바로 사람의 이동이다. 세계적으로 이주민은 2억 명을 훨씬 웃도는 것으로 추정될 정도다. 특히 국제이주라는 현상은 개발 혹은 저개발의 원인이자 결과이기도 하다. 미국 워싱턴 D.C.에 소재한 이주정책연구소Migration Policy Institute, MPI는 2014년 9월 발간한 보고서에서 송출국은 물론, 이주국의 개발까지도 촉진할 수 있는 이주민에 대해 유엔 개발 의제가 더 많은 관심을 기울여야 한다고 주장했다.[5]

새롭게 부상하는 주제들만 있는 것은 아니다. MDG에 이어 포스트-2015 논의에서도 여전히 확고한 위치를 차지할 것으로 전망되는 경우도 있다. 말랄라가 대변한 교육 이슈가 단적인 예다. 사실 수치로

▌MDG세대와 포스트-2015 세대의 대화

표현될 수 있는 교육목표―예를 들어 취학률―에서는 괄목할 만한 성과를 거둔 것이 사실이다. 하지만 양적 증가에 그치지 않고 질적 성장에까지 이어지기에는 아직 미흡하다는 평가가 제기된다. 단지 학교에 다닌다고 해서 기초학력이 저절로 향상되는 것은 아니기 때문이다. 학교에 적을 두는 학생이 늘어났다고 하더라도 여러 환경적인 요인으로 인해 실제로 학교를 끝마치지 못하는 경우도 많다. 교육의 양과 질 사이에 필연적으로 간극이 발생하는 것이다.

이에 교육을 양적 측면이 아닌 학생 중심의 '배움_{learning}'의 차원에서 접근하려는 움직임이 대두하고 있다. 기본 교과목에 대한 학력 향상이나 평생교육, 자기주도 학습, 비인지적 능력의 계발 등을 강조하는 것이다. 교육의 질을 끌어올리는 데 초점을 맞춤으로써, 실질적으로 빈곤퇴치나 삶의 질 개선에 기여하겠다는 포부로 해석된다. 유네스코 이리나 보코바_{Irina Georgieva Bokova} 사무총장은 "모두를 위한 양질의 교육과 평생교육은 모든 발전의 지속성과 평화의 토대를 위한 가장 강력한 원동력이며, 따라서 교육은 2015년을 목표로 각국이 논의 중인 지속가능 발전 의제의 핵심이 되어야 한다"고 밝히기도 했다.[6]

한편 지역적 차이 또한 중요한 고려 대상에 속한다. 지역마다 MDG 달성 수준에 격차가 존재하는 만큼, 우선순위나 동원할 수 있는 자원이나 역량에서도 차이를 보이기 때문이다. 아시아개발은행 스테판 그로프Steffen Groff 부총재는 아시아 지역에서 고려할 세 가지의 전략적 영역으로 지역 수준의 공공재, 데이터, 재정을 꼽았다.[7] 지역 수준의 공공재가 특히 식량안보나 환경, 보건 등과 같이 기술과 지식 전수가 시급한 분야를 지칭한다면, 데이터나 재정은 실질적으로 개발목표를 이행하는 데 있어서 필요한 요건을 가리킨다고 볼 수 있다.

포스트-2015 체제를 전망한다
| 목표보다는 실행이 우선이다 |

앞서 거론된 많은 이슈들이 포스트-2015 개발 의제나 목표에 그대로 반영될 가능성은 그다지 높지 않다. 그러나 국제사회가 발전에 관한 새로운 그림을 그리는 과정에서 중요한 쟁점들이 무엇인지를 드러낸다는 점에서 충분한 의의가 있다.

국제사회의 새로운 개발목표는 2015년 말에 이르러서야 비로소 확정될 것으로 예상된다. 최소 15년간 국제개발 분야에서 나타난 성공과 실패, 그리고 여러 차원의 활발한 논의를 거쳐서 탄생하는 만큼 많은

1	모든 지역에서 모든 형태의 빈곤 퇴치	10	국가 간 및 국가 내 불평등 해소
2	기아 해소와 식량안보 달성 및 지속가능 농업 발전	11	지속 가능하고 안전한 도시 구축
3	모든 연령대 인구의 건강한 삶 보장 및 웰빙 증진	12	지속 가능한 소비와 생산의 보장
4	포용적이고 공정한 양질의 교육 보장과 평생학습 향상	13	기후변화 대응
5	양성평등 달성 및 여성과 소녀들의 역량 강화	14	해양과 해양자원의 보존과 지속 가능한 이용
6	모두를 위한 물과 위생 제공 및 관리 강화	15	육상 생태계 등의 보호와 지속 가능한 이용
7	지속 가능하고 신뢰할 만한 에너지 보급	16	평화로운 사회 증진과 모두를 위한 사법 접근권과 제도 구축
8	지속 가능하고 포용적인 경제성장 및 생산적이고 완전한 양질의 일자리 증진	17	지속가능 발전을 위한 이행수단과 글로벌 파트너십 강화
9	인프라 구축과 지속 가능한 산업화 및 혁신 증진		

표2. 지속가능 발전(SDG) 17개 목표(2014년 9월 기준)

기대를 모은다(또한 한국을 비롯한 세계 각국에 이에 관한 적절한 대응을 요구한다는 점에서 관심을 불러일으킨다).

현재까지 진행된 논의들에 비춰볼 때 포스트-2015 개발목표는 MDG에 비해서 한층 포괄적이고 세부적인 양상을 띨 것으로 전망된다. 실제로 2014년 9월 제69차 유엔 총회에 제출된 초안에는 총 17개 목표와 169개 세부 목표가 담겼다(표2 참조).

17개 목표 중에는 이미 MDG에 포함된 빈곤과 기아 퇴치, 보건 증진, 교육, 성 평등 등은 물론이고, 처음으로 포함된 새로운 주제들도 눈에 띈다. 그중에서도 불평등 해소, 포용적인 경제발전, 안전한 도시 건설, 기후변화 대응, 평화로운 사회 건설 등에 관한 언급이 눈길을 모은다. 특히 비록 초안이라고는 해도 '불평등'이라는 단어가 포함된 사실은 특기할 만하다. 빈곤의 구조적 요인인 '불평등'을 명시함으로써, MDG가 개발도상국에게 책임을 지운다는 비판에서 한발 비켜설 수 있게 되었기 때문이다. 국가 내에, 또는 국가 간에 존재하는 불평등이야 말로 빈곤을 악화시키고, 나아가 지속 가능성을 해치는 강력한 위협이라는 데 각국이 합의할 수 있는 여건 또한 조성됐다.

치열한 물밑 논쟁과 정치적 줄다리기의 과정 속에서 포스트-2015 체제의 대략적인 윤곽이 드러나고 있다. 앞으로 남은 협상의 과정에서 17개의 목표 중 일부는 수정이 불가피할 것으로 관측된다. 내용상 중복되거나 상충하는 목표들에 대해서는 조정이 이루어질 것이다. 목표 이행을 고려한다면, 8개 목표로 이루어진 MDG에 비해서 두 배 이상 많은 17개라는 숫자 자체도 부담으로 작용할 수밖에 없다. 개별 목표 하나하나를 이행하기 위해서는 각국의 노력이 필요하고, 그에 따른 예산과 관련 정책 및 제도들이 수반되어야 하기 때문이다.

어쩌면 목표를 설정하는 데 있어 필연적으로 부딪히는 장벽은 다름 아니라 '목표' 그 자체일지도 모른다. 좋은 개발목표란, 빈곤을 퇴치해 인류 공동체의 삶의 질을 개선하고, 지속 가능한 발전을 추구한다는 가치를 최대한 분명하고 정확하게 담아내야 한다. 하지만 목표 그 자체로 기능하는 것은 의미가 없다. 무엇보다도 발 빠르게 변화하는 현장에 대응할 수 있는 목표가 필요하다. 지금 이 순간에도 매분, 매초마다 새로운 생명이 태어나는 동시에 소멸하고, 지구의 발전을 저해하는 문제들이 시시각각 달라진다. 불과 1년 전까지만 해도 이슬람 국가가 이토록 맹렬하게 기세를 떨칠 것이라고 예측한 전문가는 많지 않았다.

결국 중요한 것은 실행이다. 2013년 컨설팅회사 맥킨지Mckinsey사가 스콜 사회혁신 포럼 10주년을 기념하며 펴낸 보고서에서 지적한 것처럼 '전달체계delivery가 혁신적으로 개선'되어야 한다. 무수히 좋은 정책이나 프로그램도 실질적이고 측정 가능한 결과로 전환되지 않는다면 의미가 없기 때문이다. 유엔의 포스트-2015 개발계획 논의를 이끌고 있는 한 관계자는 언론 인터뷰에서 다음과 같이 말했다. "목표나 지표의 숫자보다 더욱 중요한 것은 각각의 요소들이 현실을 잘 반영하는지의 여부, 그리고 실행 가능성이다."

지속 가능한 발전을 위한 한국의 역할은?
| 포스트-2015 체제에서 한국의 역할 |

이처럼 우리는 국제사회의 개발 영역에서 목표점이자 시작점의 역할을 하는 2015년을 눈앞에 두고 있다. 과연 '포용적이고 지속 가능한 발전'은 실현될 수 있을까? 그리고 한국은 2015년을 어떻게 맞이하고 있을까?

새천년의 시작과 발맞춰서 등장한 MDG는 빈곤으로부터의 해방을 꿈꾸는 세계인의 열망을 담았다고 해도 과언이 아니다. MDG를 계승하는 2015년 이후 국제개발 의제 역시 크게 다르지 않다. 이 간절한 소망이 실현되기 위해서는 유엔 등 국제적 차원은 물론이고, 지역 및 국가 수준에서부터 실제적인 행동이 뒷받침되어야 한다. 때문에 정부와 민간, 시민사회 등 여러 부문 간의 긴밀한 협력이 필요하다. 각 나라마다 개발목표를 이행하려는 노력이 수반되지 않는다면, MDG든 혹은 포스트-2015 개발 의제든 어디까지나 공허한 선언에 그칠 뿐이다.

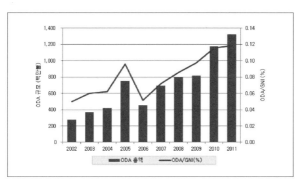

표 3. 연도별 한국 ODA 규모 증가 추이

특히 개발도상국에 비해 월등히 풍족한 재원과 제도, 기술, 인력 등을 보유한 선진국 정부들에게 보다 큰 역할과 책임이 요구된다. 일부 가난한 나라들은 선진국 또는 국제기구의 개발원조 없이는 당장의 절박한 빈곤을 탈출하기 어렵다. 상황이 이러할진대 지속 가능한 개발의 관점에서 교육이나 보건 등 기초 사회 인프라에 투자할 여력이 없는 것은 어쩌면 당연한 일이다. 그동안 MDG의 성공적인 이행조건으로 선진국의 공적개발원조Official Development Assistance(이하 ODA)가 보다 확대되어야 한다는 주장이 제기되어온 배경이다.

한국 정부는 몇 년 전부터 ODA를 대폭 확대하겠다는 입장을 밝혀왔다. 우선 2015년까지 국민총소득 대비 ODA 비율ODA/GNI을 0.25퍼센트까지 높이는 것이 목표다. 앞서 지난 2012년, 유엔 지속가능 발전회의에 참석한 이명박 대통령은 ODA 규모를 50억 달러 이상으로 확대하겠다고 공언하기도 했다.

실제로 2000년대 후반 이후 한국의 ODA 액수는 꾸준한 상승세를 보이고 있다. 그러나 올해 기준 ODA 비율은 0.16퍼센트에 그치고 있어서 사실상 목표를 달성하기는 어려운 실정이다. 사실 우리 정부가 제시한 0.25퍼센트라는 목표치는 유엔이 권고하는 0.7퍼센트나 OECD 회원국들의 평균 원조 비율인 0.3퍼센트에 여전히 못 미치는 수치이기도 하다(표3 참조).[8]

대다수 선진국들도 2015년까지 MDG 달성을 위해 약속한 ODA 목표치를 지키기는 어려울 것으로 보인다. 때문에 포스트 2015체제에서도 선진국의 ODA 약속 이행이 중요한 쟁점이 될 것으로 전망된다. 그뿐 아니라 ODA 등 원조의 효과성을 높이기 위해 정부와 국제기구, 기업, 시민사회 등 각 부문의 주체들이 긴밀하게 협력하는 틀을 마련할 필요성도 제기된다. 마침 한국 정부는 지난 2011년 부산에서 개최한 세계개발원조총회에서 '효과적인 개발협력을 위한 글로벌 파트너십'이 도출되었음을 강조하며, 포스트-2015 논의에 적극적으로 참여하겠다는 의지를 보이고 있다.

'세계 최초로 수원국에서 공여국으로 전환된 나라.' 국제개발협력 분야에서 한국의 역할을 거론할 때마다 빠짐없이 등장하는 수식어다. 한국이 지니는 독특한 위상은 분명 강점으로 작용할 수 있다. 원조를 주는 입장과 받는 입장 모두를 경험적으로 이해하며 공감할 수 있기 때문이다. 특히 산업화와 민주화를 동시에 달성한 우리의 개발경험을 바탕으로, 압축적인 성장 속에서도 결코 놓쳐서는 안 되는 중요한 가치들에 대해서 개발도상국 정부와 시민사회에 구체적인 메시지를 던질 수도 있다. 물자나 도로, 시설 등 하드웨어적인 측면에 치중된 개발원조를 벗어나, 교육이나 문화 등 소프트웨어적인 차원의 원조와 협력으로 한 단계 나아가야 하는 과제도 안고 있다. 또한 '한국형 원조' 등의 이름으로 실제 개발도상국 현장에서의 맥락에 대한 고려 없이 개발독재 시대의 특정 사업을 일방적으로 해외에 보급하는 방식의 원조는 진지하게 재고할 필요가 제기된다.

김유진

사단법인 점프 상임이사. 경향신문 사회부, 국제부 기자를 거쳐 유네스코 한국위원회에서 다문화교육, 문화와 포스트-2015 개발 의제 관련 프로젝트를 담당했다. 현재는 다문화가정·저소득층의 교육격차 해소를 위한 사단법인 점프에서 일하고 있다. 연세대학교에서 정치외교학과 사회학을 전공하고, 하버드 케네디 스쿨에서 공공정책학 석사 학위를 취득했다.

주석과 참고문헌

1부 진화형 어젠다의 탄생

교육 | 수업이 사라지고 있다

1. OECD The Programme for International Student Assessment 'PISA'의 2012년 조사
2. http://www.oecd.org/pisa/aboutpisa 허핑턴포스트코리아 2014. 9. 22 기사 인용
3. KBS 파노라마 '21세기 교육혁명 – 미래교실을 찾아서' 홈페이지

인포그래픽 | 데이터는 콘텐츠다

1. Reflections on how designers design with data, Alex Bigelow et. al. AVI 2014
2. 'Big Data, Analytics, and the Path From Insights to Value', MIT Sloan Management Review, 2011

도시 | 공유 플랫폼으로 도시를 기획하다

1. Mark Scott, Sarah Plass (16 September 2014). "German Court Lifts Ban on Uber Ride Service". The New York Times. Retrieved 17 September 2014.
2. Porter, Michael E. & Kramer Mark R., (2011, January–February). "The Big Idea: Creating Shared Value, Rethinking Capitalism", Harvard Business Review

2부 전통 어젠다의 반격

경제 | 자본주의 대논쟁 이후… 한국 자본주의의 방향은?

1. 그의 2014년 Roosevelt Institute White Paper를 참조
2. 이와 비슷한 문제의식을 공유하고 있는 어젠다로서 자주 언급되고 있는 '사회적 경제'라는 개념이다. 이 글에서 다루는 민주적 자본주의의 문제의식이나 사회적 경제를 이야기하는 사람들의 기본 문제의식은 어느 정도 중첩될 것으로 보인다. 하지만 사회적 경제는 협동조합, 사회적 기업, 공정무역, 국가의 경제 생태계 등 새로운 형태의 경제모델에 초점이 더 맞추어져 있고 정치적 대표의 문제와 민주주의와 자본주의의 융화에 대한 문제의식은 덜 강조되는 개념이어서 본 글에서는 민주적 자본주의에 초점을 맞추기로 한다. 민주적 자본주의는 김상조 교수 등이 강조하는 '구자유주의의 확립'과도 일맥상통하는 측면이 있다.

교육 | 교육 불평등, 어떻게 출구를 찾을 것인가?

1. Nak Nyeon Kim and Jongil Kim, "Top Incomes in Korea, 1933–2010: Evidence from Income Tax Statistics," Hitotsubashi Journal of Economics, Vol. 56(1) forthcoming (http://www.naksung.re.kr/xe/186267).

2. "Freshman Survey Part II: An Uncommon App," Harvard Crmson, September 3, 2013 (http://www.thecrimson.com/article/2013/9/4/freshman-survey-admissions-aid/?page=1)

3. "Inequality in America: The Data Is Sobering," The New York Times, July 30, 2013 (http://nyti.ms/17fRpJW)

4. Caroline Hoxby and Christopher Avery, "The Missing "One-Offs": The Hidden Supply of High-Achieving, Low-Income Students," 2012, NBER Working Paper No. 18586.

5. Matthew O'Brien, "'The Great Gatsby Curve': What It's So Hard for the Poor to Get Ahead," The Atlantic, June 18th,2013.

6. https://college.harvard.edu/financial-aid/how-aid-works

7. https://college.harvard.edu/financial-aid/net-price-calculator

8. http://isites.harvard.edu/icb/icb.do?keyword=k78478&tabgroupid=icb.tabgroup123810

9. "Top Colleges That Enroll Rich, Middle Class and Poor," The New York Times , September 8, 2014 (http://nyti.ms/1pJO6oL)

10. "The Price of College Tuition, In 1 Graphic," NPR Planet Money, May 25, 2012 (http://www.npr.org/blogs/money/2012/05/22/153316565/the-price-of-college-tuition-in-1-graphic)

11. "Freebies for the Rich," The New York Times, September 24, 2013 (http://nyti.ms/18mKSzr)

12. "Education at a Glance, 2011" OECD (http://www.oecd.org/education/skills-beyond-school/48631550.pdf)

13. "A Case Study in Lifting College Attendance," The New York Times, June 10, 2014 (http://nyti.ms/1kMbbrC)

14. http://www2.ed.gov/programs/racetothetop/index.html

15. http://www.questbridge.org

16. "'A National Admissions Office' for Low-Income Strivers," The New York Times, September 16th,2014(http://nyti.ms/1qY9cll)

17. ambitious, low-income kids get lift from education nonprofit," msnbc, June 17, 2013 (http://www.msnbc.com/afternoon-mojoe/ambitious-low-income-kids-get-lift-educ)

18. http://www.nationalservice.gov/programs/social-innovation-fund

언론 | 미디어, 더 이상 어렵지 않아요!

1. 뉴욕타임스 혁신보고서 번역본 PDF파일, http://goo.gl/odz5qx

2. 'Data blog', The Guardian, http://www.theguardian.com/news/datablog

3. VOX, www.vox.com

4. Circa, http://cir.ca
5. 'The Upshot', http://www.nytimes.com/upshot/
6. 'FiveThirtyEight's World Cup Predictions', http://fivethirtyeight.com/interactives/world-cup/
7. 'Google Spreadsheet', https://docs.google.com/spreadsheets
8. 'Open Refine', http://openrefine.org
9. 'Scraper Wiki', https://scraperwiki.com
10. 'Infogr.am', https://infogr.am

정책 | 위험사회와 그 적들

1. 예를 들어, Giddens 1990; Beck 1992 참조
2. 일부에서는 정부가 2009년 내항여객선의 사용가능 연한을 25년에서 최대 30년으로 늘려줬고, 그것이 세월호 참사의 원인이라고 주장을 한다. 그러나 세월호는 올해로 선령(船齡)이 20년이 되기 때문에 이 규제완화와 직접적인 관련이 있었던 것은 아니다.

참고문헌

– Hancher, L. and Moran, M. (1989). Capitalism, Culture and Regulation. Oxford: Clarendon.
– Hutter, Bridget M. (2006). "Risk, Regulation, and Management," in Peter Taylor-Gooby and Jens O. Zinn (eds.), Risk in Social Science. 202-27. New York: Oxford University Press.
– Giddens, A. (1990). The Consequences of Modernity. Cambridge: Polity Press.

일러두기

〈위험사회와 그 적들〉 원고는 연세대학교 행정학과 BK사업단에서 출간 예정인 《위험사회와 국가정책》(가제)의 일부를 발췌 및 수정했음을 알립니다.

국제사회 | 말랄라를 아시나요?

1. 윤승민, "노벨평화상 '여성아동 인권'을 일깨우다", 경향신문 2014. 10. 1. 보도.
2. 김희웅, "글로벌 교육의제를 향해", 유네스코뉴스 2013. 4월호.
3. Salil Shetty, "MDGs failed to include human rights – will we make that mistake again?", Guardian, 2014. 9. 26.
4. 곽재성, 유승호, 김유진, 정정숙, "문화와 발전 연구보고서: Post-MDGs 시대의 과제와 전망", 문화체육관광부, 유네스코한국위원회, 2012. 12.
5. Lars Johan Lönnback, Integrating Migration into the Post-2015 United Nations Development Agenda, Migration Policy Institute, 2014. 9.
6. 유네스코 웹사이트 검색. 2014. 10. 12. http://www.unesco.org/new/en/education/themes/leading-the-international-agenda/education-for-all/single-view/news/nobel_prize_call_to_action_on_power_of_education_for_peace/

7. Stephen Groff, "Asia and Pacific region post-2015 priorities, MDG8, and Global Partnerships",
ADB Development Blog, August 2014.

8. 외교부 개발협력 홈페이지: http://www.devco.go.kr

빅픽처2015

지은이 | 김윤이, 김경민, 김대식, 김유진, 박재준, 유혜영, 이의헌, 이효석, 임동균, 하은희, 홍순만
편집 | 김윤이

초판 1쇄 발행일 2014년 12월 2일
초판 3쇄 발행일 2015년 6월 30일

발행인 | 박재호
편집 | 민신태 이둘숙
종이 | 세종페이퍼
인쇄·제본 | 한영문화사
출력 | ㈜상지피앤아이

발행처 | 생각정원 Thinking Garden
출판신고 | 제 25100-2011-320호(2011년 12월 16일)
주소 | 서울시 마포구 동교동 165-8 LG팰리스 1207호
전화 | 02-334-7932 팩스 | 02-334-7933
전자우편 | pjh7936@hanmail.net

ⓒ 김윤이 외 10인 2014 (저작권자와 맺은 특약에 따라 검인은 생략합니다)
ISBN 979-11-85035-16-1 03320

만든 사람들
기획 | 박재호, 민신태
디자인 | 석운디자인